Núcleo de Dramaturgia

Núcleo de Dramaturgia
SESI – BRITISH COUNCIL

1ª TURMA • *volume 3*

SESI-SP editora

SESI-SP EDITORA

Conselho Editorial
Paulo Skaf (Presidente)
Walter Vicioni Gonçalves
Débora Cypriano Botelho
Cesar Callegari
Neusa Mariani

Teatro Popular do **SESI**

Comissão editorial
Celio Jorge Deffendi (Diretor DDC)
Débora Pinto Alves Vianna
Alexandra Salomão Miamoto

Editor
Rodrigo de Faria e Silva

Revisão
Marcatexto – Fernanda Bottallo

Capa e Projeto gráfico
Negrito Produção Editorial

Copyright © 2011 SESI-SP Editora

ISBN 978-85-65025-02-7

Dados Internacionais de Catalogação na Publicação (CIP)
(Câmara Brasileira do Livro, SP, Brasil)

Núcleo de dramaturgia SESI: British Council: 1º turma, volume 3.
- – São Paulo: SESI-SP, 2011.

Vários colaboradores.

1. Dramaturgia 2. Teatro brasileiro.

| 11-08952 | CDD-869.92 |

Índices para catálogo sistemático:
1. Peças teatrais : Literatura brasileira   869.92

Novos textos para a dramaturgia brasileira

Desde 2007, o Sesi-sp e o British Council, em uma parceria entre a indústria paulista e a organização britânica de promoção educacional e cultural, têm trazido ao público brasileiro projetos e espetáculos de excelente qualidade. Por meio do Núcleo de Dramaturgia Sesi-British Council, as entidades promovem o intercâmbio de experiências visando à descoberta e ao desenvolvimento de novos dramaturgos brasileiros.

A iniciativa tem como objetivo se tornar referência para novos autores e oferece um processo de excelência voltado para o aprimoramento da escrita em dramaturgia. O projeto também estimula a criação de espetáculos que expressem novas visões de mundo, linguagens e experimentações. Realizando atividades relevantes para o desenvolvimento das artes cênicas, o Núcleo é uma excelente oportunidade de contato com a cultura contemporânea e as novas formas de expressão teatral.

Coordenados pela dramaturga e jornalista Marici Salomão, os autores participaram durante um ano de aulas, workshops, palestras e mesas redondas com profissionais brasileiros e britânicos. A primeira turma

(2008/2009) produziu 12 textos teatrais inéditos, apresentados nesta coleção.

Notas da superfície, de Felipe de Moraes, foi a primeira montagem profissional de um texto gerado no Núcleo de Dramaturgia Sesi-British Council e ficou em cartaz no Centro Cultural Fiesp – Ruth Cardoso, em São Paulo, no segundo semestre de 2009. Além dele, três textos ganharam leituras dramáticas abertas ao público: *Freak show – A sociedade do espetáculo*, de Luise Cohen; *Edifício Marisa*, de Marcello Jordan e *Entre quatro pedaços*, de Fernanda Jaber.

Este livro se soma aos diversos projetos culturais do Sesi-sp, que tem entre suas missões a difusão cultural para os mais variados públicos. Com a diversidade de temas e linguagens, trazida pelos parceiros internacionais, a entidade enriquece o seu repertório e contribui para a formação de novos profissionais e frequentadores do teatro.

Paulo Skaf
Presidente do Conselho Regional do Sesi-sp

Sumário

Edifício Marisa – *Marcello Jordan*   9

Lapso – *Cynthia Becker*   97

Edifício Marisa

Marcello Jordan

Cenário

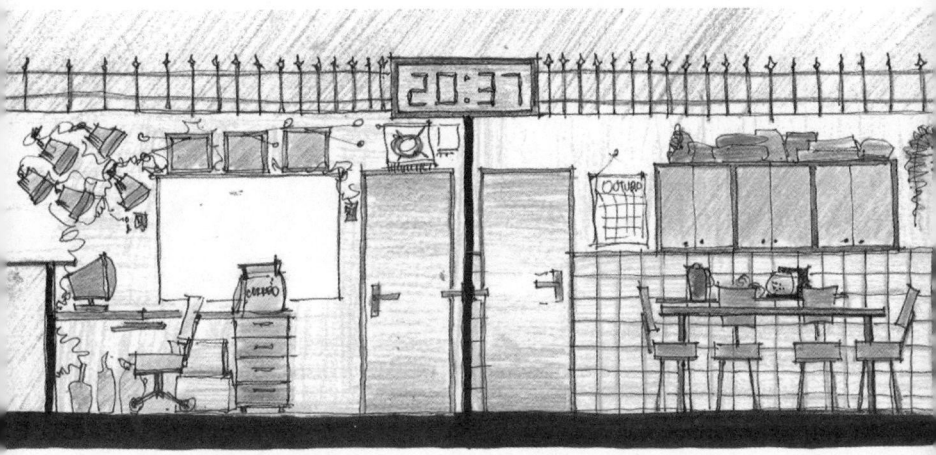

Personagens

Porteiros

1. Moreira (e zelador)
Turno 6:00 – 14:00

2. Washington
Turno 14:00 – 22:00

3. Geraldo
Turno 22:00 – 6:00

Faxineiras

1. Mellani
2. Maria José
3. Florizete
4. Marizete
5. Jervina

Nota sobre os personagens

Carteiro e Clientes da patroa de Marizete serão encenados atrás do vidro jateado da portaria, portanto podem ser feitos por algum ator que já tem um personagem.

Beto (porteiro vizinho): só ouviremos a voz pelo interfone.

Segunda-feira

Cena 1

6.00 MANHÃ
Pontualmente, o dia começa com o barulho dos jornais chegando à caixa de correio e o carteiro apertando a campainha. Geraldo acorda assustado com o barulho e olha em direção ao portão. Espreguiçando-se, tenta criar forças para pegar os jornais. Estica a mão.

GERALDO – Caceta, saco. Não posso nem dormir em paz e esse porra já jogando os jornal.

(Chega Moreira para mudança de turno)

MOREIRA – O dia hoje tá o cão chupando manga. Acordei com o capeta, as véia me aporrinharam ontem, vou cortar as asinhas delas já, já. A Tereza do prédio do Beto já passou por aqui? E o turno, tudo no controle? Noite no sossego?

GERALDO – Tudo no controle, seu Moreira. Ocorrência fraca, os amiguinhos das bicha do 32 chegaram aí e ficaram a noite toda. As putaria deve ter sido feia, saíram numa horinha atrás, umas quatro e meia. Mó saco, me acordaram. Nada da Tereza passar, e eu tava de olho num casal do prédio do Beto que ficaram no maior agarramento no elevador agora já amanhecendo. Acordei pra mijá e liguei a televisão.

MOREIRA – Êtia putaria desses menino, que fogo no botão que eles tem... Ah, meus tempos de comedor, traçava tudo... A lá a gostosa da Tereza passando.

GERALDO – A dona Neuza do 22...

MOREIRA – Pera aí hómi que ela tá passando (pega no interfone) Ê, gostosa... pronto pode falar.

GERALDO (lixando a unha) – A Dona Neuza do 22 pediu farmácia umas onze e meia, era Rivotril e Roydorm, das tarja preta, dus bão. Adorei aquele catálogo de remédio do 32, fico conferindo na lista os remédio que o povo pega.

MOREIRA – Esconde esse troço, caraio, já falei que esse foi no golpe. A Dona Naclécia já me perguntou se entregaram e eu disse que não, ela disse que ia ligar pra reclamar... mas eta égua, por isso que as véia me aporrinharam, tavam doidona de remédio. Tomam tanta coisa... Se bobear, já morreram e a gente num tá nem vendo, tão aí de robô. (Irônico) Pode pegar seu rumo que tu deve tá cansado. Toma esses dois DVD aí do pirata da praça. O da Rita Cadilaque, caraio! Mó cú largão! E do Frota cás traveca, vô passá pro Beto. Mas aquele Frota é muito viado. Fode nintudo que é buraco, sô! Hoje eu trouxe uns da Brasileirinha pra assistir aqui embaixo, é da minha coleção e você tira os zóio que isso aqui num é de emprestar

GERALDO – Vô lá na cozinha tomá um café prá seguí meu rumo. Curintião, heim! É nóis ontem, é nóis!

(Vai para a cozinha)

MOREIRA (olha pelo monitor) – A Mellani rabão tá vindo aí, seu menino. A véia Jervina chegou junto.

(Mellani e Jervina entram na portaria) – Dia!

MELLANI – Oi, seu Moreira!
JERVINA – Ê trem chera suvaco, três hora e cheio de preto e de vagabunda no meu vagão.

(Vão para a cozinha)

GERALDO – Dona Jervina, bom dia. Qué café?
JERVINA – Sim, dois dedo du forte que tô nos nervo.
GERALDO – Faz aí, vô catá uns pão com manteiga do 32, eles deve tá tudo de ressaca. E as véia do 11? Que deu sexta pra chamá de novo a ambulância? Num fiz café, não.
JERVINA – Vô tomá o da noite mesmo que quero liquidar a faxina. Hoje, só onde o padre passa... Nem me fala, deu um siricutico na Dona Clara que quase que a véia parte pra ôtra. As duas irmã gêmia ficaram tudo nervosa, ainda isso! Me fuderam justo quando tava acabando a faxina, por isso a gente se encontrou naquele afobo, você chegando e eu indo,

nem trocamo uns dedos de prosa. Num sei quem tá mais caindo aos pedaço lá. Uma com 82 e as outra com 85. Gêmia, ainda, as filha da puta! E as tartaruga dela, tem 75 anos cada uma. Até aquelas bosta di bicho num morre... Dá um pão aí!

(Portaria – Interfone toca)

MOREIRA – Fala, viado!

BETO (porteiro do prédio ao lado. Será sempre apenas voz.) – Ontem tava sem sono e a patroa tava naquela sangria. Fiquei vendo seu sistema interno, que o do meu prédio tava devagar. Deve estar com probrema em alguma emenda desses gato... (Beto está mexendo no circuito interno do prédio dele. Sabemos disso porque na portaria, além do monitor do prédio, existe um monitor com as imagens do prédio ao lado). Tá vendo bem aí minha portaria? Olha agora, mudou para o elevador... Chama o hómi da Net pra ele catá isso... As viadada ontem aí tava tudo bicuda, ô bixarada da porra! Um até passou e pediu boquete pro da noite lá embaixo... (ri) I eu lá na sala dando risada. Mas que seca é essa de chupá pinto desses minino... Fazia até o gesto cá mão...

MOREIRA – Hómi! Joguei 3 hora de Playstation ontem, tô até tonto. Essa semana eu tenho que ficar atento que to matutando umas ideia aqui, to querendo pegar pesado hehehe. Nós dois vamo ter que trabalhar junto nuns quesito aí... Vou te colocando a parte,

fica de sobreaviso. E antes que eu me esqueça, quero cortar cabelo essa semana. A máquina tá boa aí?
BETO – Tá joinha. Pô, tô com um Calipso novo... Escuta aí!

(Toca um trecho da música)

MOREIRA – Da hora. Mas está meio chiado, mesmo. Vou chamar o técnico essa semana pra arrumar nossa intercomunicação. Tão esquecendo com quem tão falando. Assim não dá! Té mais.

(Moreira agita o jornal, e toma seu posto)

Cena 2

(Moreira está trabalhando. Florizete e Marizete chegam de ressaca e entram pela cozinha. Chega Mellani)

MELLANI – Cêis tão aí, né, suas maluca? Tô ouvindo uns cacarejo... (Entra na cozinha) – Que caras são essas? Parece que beberam a noite toda...

FLORIZETE – Nem me diga, menina. Pior não é isso... e tô numa enrascada que não sei quanto tempo eu seguro.

MARIZETE (rindo) – Essa você tem que ouvir. Essa mulé é doidia, depois reclama.

MELLANI – O que foi que tu aprontou?

FLORIZETE – Lembra que eu e o Craudinei casamo no civil na semana passada, né? Lembra que eu não era casada no papel, aquela história toda do cartório, das papelada e dos resistro?

MELLANI – Sim, seu casamento que não era pra ir ninguém...

FLORIZETE – Não é que não era pra não ir, é que era uma coisa rápida, só de família. Mas deixa de ser dramática, tu nem ia comparecer mesmo, e sabia como ia ser... cinco minuto.

MELLANI – Sim, sua tonta!

FLORIZETE – Então, esse casamento... Tava com segundas intenções...

MELLANI – Mas que segundas intenções um casamento de 15 anos pode ter?

FLORIZETE – Esse casamento era armação, o Craudinei queria era comer meu cu.

MELLANI – Como?

MARIZETE (beliscando Mellani) – Menina, presta atenção!

FLORIZETE – Ele vivia me enchendo que queria comer meu cu e eu sempre falava que mulher direita não dá cu... Aí, parô com essas conversa, eu nem me lembrava mais... Depois inventou essa papagaiada de casamento no cartório... Mas já na mira do meu buraco! Enquanto eu acreditava que era pra ter mais segurança com essas coisas de papelada, herança e tudo mais. Nada, menina! Tava errada! Ficou a semana inteira cutucando lá atrás. Agora, me veio com essa desculpa que nós somos casados de papel e eu tenho que dar o negócio. E se isso não bastasse, eu tenho que chupar também! Ai, que nojo! Eu num ponho a boca naquilo nem por Nossa Senhora!

MARIZETE – Já disse, Mellani, ela num sabe o que tá perdendo.

MELLANI – Olha, não sou das mais experientes, mas a boca lá embaixo... Ui, deixa a gente lôca!

MARIZETE – Nem me fale... E chupá num é ruim não, é igual picolé, banana, essas coisas. E se tiver limpinho, é até gostoso. O saco é quando o hómi vem pegando sua nuca pra baixar a cabeça, isso me irrita! Que fixação eles tem nessa coisa de chupá pinto, né?

FLORIZETE – Como você é sem crasse, Marizete!

MELLANI – Já que é pra falá a verdade... eu já dei o butão. Ai, que vergonha!

FLORIZETE (empurrando Mellani de leve) – Já deu, sua safada?

MELLANI – Só pro pai dos meus filho. Antes tivesse dado só o butão, aí eu num tava com essa renca de filho que tô agora.

FLORIZETE – Doeu?

MELLANI – Muito.

FLORIZETE – Tá vendo? Má agora que num dô mesmo.

MARIZETE – Cala a boca, dói no começo, e eles ficam doidios... E é bom liberar logo, hein, senão ele vai catar outro butão por aí.

FLORIZETE – Para de me apavorar assim que eu tranco mais ainda. Dá na pressão num dá certo.

MARIZETE – Vamos tomar nosso rumo que temos que trabalhar. Depois a gente conta do forró de ontem. No almoço tamos de volta. Bóra!

Cena 3

(Florizete, Marizete, Jervina e Mellani estão na cozinha almoçando e Moreira está na portaria)

FLORIZETE – Gente, não consigo olhar pra esse ovo. Meu fígado tá uma gelatina...
MARIZETE – Eu tô varada de fome. Se num quiser, me dá aqui, então. (Espeta o ovo da irmã e lutam com o garfo)
JERVINA – Péssima essa marmita que me dão, nem desce. Deviam ligar pro Degas. Esse Pitalmeida é uma gordura só.
MELLANI – Você já casou no papel, Jervina?
JERVINA – Nunca casei e tu sabe que não. Pergunta besta...
MELLANI – Nada, é que tava pensando... (Mellani, Marizete e Florizete riem) Que no papel a gente tem umas obrigação com marido. Acho que tu ia gostar, ia ser mais animada...
JERVINA – Animar por causa de obrigação? Meu cu pra ele que eu ia ser escrava de marido.
FLORIZETE (sem graça tenta mudar de assunto) – Mellani, ontem tava tão cheio o salão, super seguro, não teve briga nem facada. Tomei umas Maria Mole e

uns Campari que tava delícia. Cê tem que ir com a gente!

MARIZETE – Claro, Mé, tem que espairecer essa cabeça. Tu segura muito pepino.

MELLANI – Imagina, vou enfiar onde os menino? Vivo praqueles muleque, num sossego longe deles, tão dando muito trabalho. O mais novo que tá me preocupando, vocês precisam ver os olho esbugaiado que ele tá. Tá cada vez mais arreganhado! Us médico lá do posto nem fala nada, nem pergunta nada, sei lá.

JERVINA – Isso é falta de vitamina, tô falando! Esses guri tá tudo subnutrido, depois fica tudo retardado.

FLORIZETE – Vira essa boca pra lá, mulé! Mas ela tá certa, fala cá sua patroa, ela já te levou num médico na época daquele corrimento que cê tava, lembra? Ganhou até um checape geral, que beleza! Mamografia, Papa Nicolau, os hómi caçaram mioma, pereba, duença, caroço, tudo!

MARIZETE – Coisa boa.

FLORIZETE – Olha tem umas patroa que vale oro, mas tem umas que é ruim, é ruim igual o cão. Nessas eu mijo no suco.

JERVINA – Patroa é tudo umas vagabunda que não faz nada.

MARIZETE – Menos, Jervina, não põe tudo no mesmo balaio. Olha a patroa da Mellani, vale ouro.

FLORIZETE – Isso é verdade. Queria ver se você tivesse umas patroa safada igual a da Maria José. Aí reclamava com razão.

JERVINA – Já tinha matado.

(Chega Maria José)

MARIA JOSÉ — Oi gente, tô morta, tive que limpar de novo os armários porque as duas acharam que tava sujo. Pior, a filha que é mais maluca que a mãe cismou que eu não limpei na semana passada. Esse Alzheimer tá me dando no saco já... E olha que o médico dela um dia me catou de lado e disse como eu tinha que fazer e o que eu podia ouvir. Gente, que doença aperrenhada, a doença não mata mas deixa você bile, bilé... E a mãe com 90 anos não tem nada, lúcida, lúcida. Só é meio cuns pobrema de osso.

JERVINA — Você devia aproveitar e falar que ela não pagou o mês, assim ela pagava de novo, sua trouxa.

MELLANI — Enganar maluco num deve ser muito direito não.

FLORIZETE — Vamos comer que eu tenho que voltar pra faxina e ninguém desvira esse copo que eu vô amarrá o rabo do capeta. (Coloca copo de cabeça para baixo na prateleira)

(Entra Moreira)

MOREIRA — Que tem de bom aí?

MARIZETE — Pra você, nada. (Vira para Florizete) Por quê cê prendeu o rabo do capeta?

MOREIRA — Eita, acordou com a macaca?

MARIZETE — Não, tô com a vó atrás do toco!

FLORIZETE — Vão começar cêis dois? Num tô achando meus alicate di cutícula, menina!

MOREIRA – É só o Washington chegar que ela melhora o humor.

(Toca interfone)

MARIZETE – Olha a portaria...

(Moreira vai até a portaria enquanto as faxineiras vão acabando o almoço e saindo de cena. A cozinha fica vazia)

MOREIRA – Pro 32? (liga para o apartamento) É o América. Pode subir? (destrava o portão)
MOREIRA – Pro 11? (liga para o apartamento) É a lavanderia. Pode subir? (destrava o portão)
MOREIRA – Pro 22? (liga para o apartamento) É o Drogasil. Pode subir? (destrava o portão)

(Chega o carteiro)

MOREIRA – Péra aí, Correio, vou aí fora pra tomá um ar.
CARTEIRO – Olha o bolo de carta e contas que eu tenho que entregar todo dia... Será que esse povo não pode pagar pela internet ou sei lá?!? Tudo moderno e ainda tem um filho da puta que quer escrever carta a mão! E o babaca aqui tem que entregar pra fresca... E olha quanta propaganda, já vai tudo pro lixo... Se é muito peso, eu nem entrego... Vai dando uma olhada no seu monte que eu já vi aqui umas coisas que você gosta.

MOREIRA – O tique de seis meses da Veja fica comigo, que o meu já tá vencendo neste sábado. Que pacote é esse pro 42? Estranho... Deve ser livro, esse casal de professor só lê. Ô, vida chata! Olha um cartão postal da irmã do 41. (Lê) Faz tempo que ela não manda nada. Hum... pelo visto, ela tá bem. Sabe Deus o que tá fazendo na Europa... Se for igual à irmã, maior seteum, tá lá fazendo trambique.

CARTEIRO – Toma as carta do quarterão de cima que eu só vou entregar amanhã. Minhas pernas tão doendo e não tô a fim de subir aquele escadão.

(Sai carteiro e Moreira volta para a portaria vendo as correspondências dos outros prédios)

MOREIRA (chama Beto pelo interfone) – Beto, depois eu passo aí pra te deixar um cd promocional... Chegou aqui um monte... Vê se tem tique da Época no seu bolo que faz tempo que não pego. E não distribui os folhetos da pizzaria que recebemos ontem à tarde porque eles não vão dar brinde pra nóis, não. Num falaram nada... A gente fica só na Mamamia e Pizzamania que ainda tão dando.

BETO – Liga lá nesse, ué!

MOREIRA – Dá o número... Ok, vou ligar... Alô, é da Pizzaria? Aqui é o zelador do Edifício Marisa. Recebemos seus folhetos pra distribuir para os moradores, mas olha, já tá com folheto demais aqui, não sei se vão pedir pra vocês também... Quantas pizzas por mês vou ter direito? Duas? Ok , vou te ajudar. Você sabe, me ajuda a te ajudar. Outra coisa, o prédio do lado também tá com esse poblema. Ok, falo pra ele. Tchau.

(Interfone com Beto)

MOREIRA – Pronto, pode liberar os folhetos. Outra coisa, tô bolando uns trambiques dos bons aqui na minha cabeça, vou revolucionar o trambique, diversificar a comissão. Pensar em tudo de uma forma global, mais abrangente, entende? Vou dominar o mercado.
BETO – Que coisa é essa, hómi?
MOREIRA – Ainda não tenho ao certo na minha cabeça, mas vai ser um rajada de bala. Me deixa quéto por enquanto. (Desliga interfone)

Cena 4

14.00 TARDE
(Chega Washington para troca de turno)

WASHINGTON – Boa tarde, Moreira.
MOREIRA – Fala, Calango.
WASHINGTON – Alguma recomendação pra hoje à tarde?
MOREIRA – Sim, o técnico do portão vem aí e você me chama assim que ele aparecer. Preciso falar com ele antes da síndica.
WASHINGTON – Tá, Moreira, isso não precisava nem falar.
MOREIRA – Só to reafirmando, afinal, sou o zelador e gosto de tudo do meu jeito. Bom, vou subir. Até mais. Washington... (Hesita) Nada.

(Sai Moreira e Washington interfona para Marizete)

WASHINGTON – Oi, minha flor, já subiu do almoço? Nem me esperou... Passa aqui depois, passei o fim de semana pensando em você. Até descasquei uma banana lembrando daquele malho nosso. Tu tá me deixando lôco, mulé, vamos resolver isso... Tá, mas larga desse estorvo... Fica comigo... Tô fazendo carreira... Vai por mim... E nós vamos morar na cobertura com vista pra Igreja do Calvário e tudo mais, tá? Olha... aquele beijo! Já tô de barraca armada aqui... Ah, se te cato... Tá, brincadeira....Tchau. (passa um tempo)

MARIZETE – Cheguei.

WASHINGTON – Adoro quando você está com essa roupa de cigana.

MARIZETE – Não é cigana, seu tonto. Além de faxineira, você sabe que sou auxiliar de vidente.

WASHINGTON – Na minha terra isso é roupa de festa de São João. Mas você fica uma princesa mesmo.

MARIZETE – Você me elogia demais homem, não tô acostumada. Fica quieto, olha a cliente das três chegando lá na portaria, abre aí. (Vai receber a cliente fora de cena) – Oi, Dona Neide, tá bem hoje, né? Vejo umas energias roxas ao seu redor.

DONA NEIDE – Tem mesmo? Engraçado, tô bem mesmo hoje. Me sentindo fluida.

MARIZETE – Deixa eu te limpar para você subir... hum...hum...hum... Pronto, tá limpa, vai lá que a Madame Luz tá te esperando. Hoje a gente te preparou um banho de pó de pirâmide com cristal, a senhora vai amar.

(Marizete volta)

WASHINGTON – Tu é cara de pau, hein?

MARIZETE – Imagina, sou pré-vidente. Já tô desenvolvendo minha sensibilidade sim. E não fica me olhando assim que sei muito bem o que você tá pensando, seu cachorro. Tá vendo como eu sou sensitiva!

WASHINGTON – Já que você sabe, então senta aqui no colinho pra eu te dar um chamego.

MARIZETE – Seu safado, já disse que não posso. Tô ainda compromissada. Mas tu beija bem, homem de Deus...

(Washington e Marizete estão se atracando na portaria. Veem pelo monitor Dona Neide descendo no elevador e Marizete se arruma correndo e vai lá fora)

MARIZETE – Tchau, Dona Neide, muita luz e muita paz.

DONA NEIDE (fora de cena) – Tchau, minha filha, até semana que vem. Toma essa caixinha pro café.

(Marizete agradece, entra na portaria e toca o interfone)

WASHINGTON – Atende que é pra você.

MARIZETE – Oi, Madame, já tava subindo. Tá, espero, então. Tá, subo junto (desliga). Tá vindo outra cliente, mas vou subir com ela porque tenho que fazer os efeitos especiais. Temos mais um tempo pruns malhos. (Os dois se atracam. Toca interfone)

WASHINGTON – A outra maluca chegou aí pra vocês.

MARIZETE (vai receber a cliente fora de cena) – Oi, Dona Regina, tá bem hoje, né? Vejo umas energias roxas ao seu redor.

DONA REGINA – Bem nada, tô carregada.

MARIZETE – Deixa eu te limpar para você subir... Hoje é surpresa, só digo que é dos Inca... hum... hum... hum... hum... Pronto, tá limpa, vamos lá que você vai voltar nova em folha.

(Marizete sobe com a cliente. Moreira desce)

MOREIRA – Cadê o cara do portão?
WASHINGTON – Nada ainda, ué, por que está tão ansioso?
MOREIRA – Ele vai receber hoje o serviço e já quero segurar minha caixinha. Não confio muito nele. Sabe, né, esse povo é muito trambiqueiro.
WASHINGTON (irônico) – Ô, se sei...
MOREIRA – Eu pelo menos tô nos meus direitos, já te disse que tu tem sua comissão, se quiser.
WASHINGTON – Não, Moreira, você sabe que eu não preciso.
MOREIRA – Todo mundo precisa, homem.
WASHINGTON – Me dou por satisfeito com meu salário.
MOREIRA – Mas podia ter mais, muito mais.
WASHINGTON – E tu descobriu a fórmula.
MOREIRA – Quase.
WASHINGTON – O que é, afinal?
MOREIRA – Olha... a síndica vive viajando, né? Nem tá mais aí pro prédio, o que quebra ou deixa de quebrar aqui ela nem fica sabendo. Num entendi porque ela viaja tanto para o Paraguai... Nem precisa ir pra lá pra comprar muambas mais, é só ir ali na 25 que tá

tudo lá. Se é que ela vai para o Paraguai, mesmo... Vai saber desse povo.

WASHINGTON – Ta, e onde tu quer chegar com isso?

MOREIRA – Eu tô querendo fazer meu pé de meia de vez. Tá faltando os sete mil pra interar a compra da casa da Praia Grande e eu quero levantar esse dinheiro é agora.

WASHINGTON – Toma o livro do ponto que eu já assinei.

MOREIRA – É mesmo, dá aqui eu tenho que fazer umas alterações. Vai querer hora extra? Já sei que não. (Mexendo no livro de ponto) Bom isso muda... isso também... Ok, guarda aí pro Lello buscar.

(Interfone toca)

WASHINGTON – O homem do portão chegou, vai lá.

MOREIRA – Guenta aí. Depois continuo contando meu plano. (Moreira leva o cheque e volta com a comissão em dinheiro) – Pronto, esse entrou na lista dos fornecedores fixos. Guarda o cartão dele aí. (Guarda o cartão em um painel de cartões)

WASHINGTON – Depois você continua me contando o plano. Posso ir na cozinha tomar um café? Você fica aqui um pouco? (Washington vai pra cozinha)

MOREIRA (chama o Beto pelo interfone) – Temos que apertar o corretor, tô achando que ele vai vender uma unidade daqui ou daí. Ele veio de novo com a criente.

BETO – Tá ! Mas como ficamos de olho?

MOREIRA – Deixa comigo. É o seguinte: vou ligar para

o corretor e falar que tô achando que a proprietária tá passando por cima dele e tá tentando vender sozinha, e que resolvi dar um toque porque sou amigo.

BETO – Boa! Ele vai ver que precisa de você.

MOREIRA – Isso, assim ele vai querer me fazer um agrado. Vou subir e ligar já. Té mais.

BETO – Té.

WASHINGTON (voltando) – Pronto, Moreira, tô recarregado. Brigadu.

MOREIRA – Tô subindo.

(As cinco faxineiras descem para a cozinha)

JERVINA – Anda, Flô, abre logo essa sacola.

FLORIZETE – Calma, nervosa, tá véia mas não vai morrer agora.

MELLANI – Veio tudo? Tô curiosa.

MARIA JOSÉ (olhando as sacolas) – Gente, veio tudo! Avon, Natura, a Herbalife, o Shoptime e a DeMillus.

FLORIZETE – Vamos começar pela Avon. Toma seu glóss, Zezé. Seu anti-rugas, Jervina, e as minhas sombras, oba!

MARIZETE – Deixa eu abrir o Herbalife e a Natura logo, só eu que pedi mesmo...

FLORIZETE – Do Shoptime só veio meu spa de pé, vou estrear hoje.

MARIZETE – Isso num cuzinha os pé, não?

FLORIZETE – Vai ser até bom cozinhar esses seus joanetes... Agora, o mais legal: vamos para o saco da

DeMillus. Tem pra todas. (Distribui as encomendas) – Vamos provar. Por cima da roupa mesmo.

JERVINA – Esse "M" tá pequeno. Não fiquei confortável, tá pegando.

MARIA JOSÉ – Gente, amei o meu de rendinha.

MARIZETE – Olha isso, que lindo, mas tá descosturando aqui do lado, tenho que dar uns pontos.

(Chega Washington)

WASHINGTON – Ô, delícia!
(Em coro, se cobrindo) – Some daqui, safado.
WASHINGTON – Não é com vocês não, seus bagulho... É com a minha flor.

MARIZETE – Ai, que fofo, sai daqui safado... (Fala para as amigas) Ele tá me deixando doida, acho que as intenções dele são sérias, sim.

JERVINA – Sério, o caralho! Esse é safado igual a todos! Homem num presta. Vamos tomar o caminho da roça.

(Saem todas com suas sacolas. Mellani segura Marizete)

MARIZETE – Vai indo, Flô, que eu vou já, já.

MELLANI – Tá difícil guentar, sabe? Tem dia que acordo chorando demais. Sei que meus filhos são tudo na minha vida, e não vivo sem eles, mas não sei mais o que fazer. Tamos passando necessidades, mesmo. Ontem comemos só tapioca pura, nem margarina tinha.

MARIZETE – Você sabe que pode contar com a gente, mas isso não ajuda muito. Porque você não abre o jogo com suas patroas? As duas são tão legais...
MELLANI – Mas falar o que?
MARIZETE – Tudo, ué. E vê no que dá.
MELLANI – Bom, vamos embora que hoje tá de greve os ônibus pros lado da vila.

(As duas saem e Washington fala para Marizete)

WASHINGTON – Vamos estrear aquela roupa íntima? Rasgo no dente.
MARIZETE – E apanha! Nem paguei, safado! Tchau, lindo, um chêro.

(Moreira desce)

MOREIRA – Washington, continua de olho hoje em tudo. Tô achando que o corretor vai vir aqui, me avisa seja a hora que for.
WASHINGTON – Pode deixar comigo.
MOREIRA – Então vamos voltar para aquele nosso assunto, você tá a fim de ouvir? Tem que estar preparado, confiar em mim, entrar nessa de cabeça...
WASHINGTON – Preparado eu estou sempre pras coisas que vem de você, homem. Conta aí!
MOREIRA – O seguinte. Fiz um seguro do meu apartamento, daqueles caros que cobre tudo. Qualquer acidente pode acontecer no meu apartamento agora... Entendeu? Não vou prejudicar ninguém, só

atrapalhar um pouco. Acho que isso eu mereço. Escuta meu plano: tô pensando em explodir a caixa d'agua.

WASHINGTON – Tá louco, homem?!

MOREIRA – Não! Isso que é incrível, eu não tô louco, tô super racionalizando. Não tem nada demais, todo mundo faz isso com seguradora. E como iam achar que eu mesmo ia querer me prejudicar? Cê acha?

WASHINGTON – Claro, imagina. A seguradora deve ser tranqüila, tipo assim você chega lá e fala. – Oi, minha casa alagou. Dá dez pilas aí!

MOREIRA – Isso!

WASHINGTON – Isso o que, seu doido? Acorda!

MOREIRA – Você é muito negativo Washington, tá feito e pronto.

WASHINGTON – E quando você vai explodir a caixa d'água? Pode ser fora do meu turno que eu não sou muito de banho, não.

MOREIRA – Eu ainda vou passar as minhas coleções do Corinthians para o quartinho de reunião da frente do meu apartamento e explodo só o lado do meu apartamento. Vou passar também meus documentos, meus contatos e meus dólares, que estes eu não guardo no banco nem ferrando. Meu dinheiro tá lá sim na poupança, porque este eu tenho que declarar mas, juntando com os dólares, dá pra comprar a casa e mais o que eu vou receber do seguro vai dar pra resolver isso, entendeu? Compro uma casa maior, declaro que ela vale menos e saio no lucro, entendeu?

WASHINGTON – E quanto você pagou de seguro?

MOREIRA – Aí que tá, uma grana!

WASHINGTON – Quanto?

MOREIRA – Três mil e quinhentos reais. Pra ficar garantido assim que entrar na conta deles. Relaxa que eu vou te mantendo informado porque tu tem que ser minha testemunha.

WASHINGTON – Sabia que isso ia sobrar pra mim

MOREIRA – Relaxa, você vai poder ir na minha casa de praia tomar um sol na laje, olha que beleza...

WASHINGTON – Nossa, muito...

MOREIRA – Té mais.

Cena 5

22.00 NOITE
(Chega Geraldo. Troca de turno)

WASHINGTON – Boa noite, seu Geraldo, tá aí seu posto. Tô indo nessa.
GERALDO – Ok, tudo no controle.

(Sai Washington. Geraldo deita e dorme)

Terça-feira

Cena 6

06.00 MANHÃ
(Chega Moreira)

MOREIRA – Acorda, véio!
SEU GERALDO – Que? Que? Onde?
MOREIRA – Volta pro corpo que nessa idade se num achá a carcaça, vai de vez! Você sentiu os canos tremer essa noite, acho que tá tudo corroído.
GERALDO – Não ouvi nada. Vou só tomá um café e tô indo que tô morrendo de sono.

(Geraldo vai pra cozinha)
(Chega Jervina indo direto para a cozinha)

JERVINA – Bom dia, seu Geraldo.
GERALDO – Bom dia, minha flor. Tá linda, hoje.
JERVINA – Obrigado. O senhor também tá muito elegante. Deve ter um monte de pretendente...
GERALDO – Que nada, sô. Sozinho na vida.
JERVINA – O senhor se sente muito sozinho, às vezes? Hoje acordei com esse aperto nos peito, uma amargura...

GERALDO – Me dá cá um abraço, a moça tá precisando de carinho.
JERVINA – Que isso, seu Geraldo, num carece de tanto grude.
GERALDO – Me chama de Geraldo, já nos conhecemos há muito tempo pra tanta formalidade.
JERVINA – Tá bom... Geraldo.

(Chegam na cozinha Florizete, Marizete, Mellani e Maria José. Geraldo e Jervina se afastam rapidamente e saem. Geraldo acompanha Jervina até a portaria. Moreira sai de cena. Geraldo e Jervina ficam sozinhos na portaria)

GERALDO – Não quer chegar mais cedo amanhã pra gente se conhecer melhor? Nunca dá tempo!
JERVINA – Quem sabe? Mas vou te avisando, sou mulé direita. Comigo, só se tiver futuro.
SEU GERALDO – Vou tomar meu rumo, vai pensando aí. Até mais, minha menina.

(Sai Geraldo. Jervina vai trabalhar e Moreira volta para a portaria. Enquanto isso na cozinha...)

FLORIZETE – Fiquei mó gostosa ontem com a calcinha nova. O marido quase que estrupa meu butão. Deus do céu, isso tá um martírio!... Minina, vô soltá o rabo desse diabo que já achei meu alicate.

(Levanta o copo e faz sinal da cruz)

MARIZETE – Dá logo essa butão antes que estrague. Eu tô com o conjuntinho novo, hoje. Olha.

MELLANI – Credo, vocês são doidias.

FLORIZETE – Tá, e tu não presta? Porque será que alguém vem trabalhar na faxina com conjuntinho novo? Engraçado, tu não tinha namorado?

MARIZETE – Não se mete, não sou casada, ué! E ainda tô no processo seletivo.

MELLANI – Eu sei que seletivo é esse.

FLORIZETE – Num vai no seletivo da minha irmã não que essa aí é foguenta. (Todas caem na risada) – Até que enfim eu vejo uma risada nessa cara, Zezé. Vamos animar, neguinha! As velhas tão te enchendo muito o saco?

MARIA JOSÉ – Muito, ontem me chamaram de escrava de novo e que se fosse em outra época, eu tava trabalhando de graça. Falaram que meu uniforme tá puído e vão descontar do meu salário a outra roupa que vão comprar. Olha isso... Eu tenho há cinco anos! Uma hora gasta, né? E me mandaram passar pano no teto todo ontem, nem acabei... Tô toda duída e tenho que continuar hoje.

MARIZETE – Você devia era denunciar essas vacas, isso dava cadeia. Isso tá errado gente, alguém tem que fazer alguma coisa.

MARIA JOSÉ – E desde quando escutam preto pobre? Elas já falaram que se encher o saco arrumam um jeito de falar que sou ladrona. E entre palavra de rico e de pobre...

FLORIZETE – Tá lascada!

MOREIRA (grita com o interfone na mão) – Maria, tão te gritando aqui no interfone.
MARIA JOSÉ – Tá vendo? Vou subir.

(Sobe as escadas, nervosa)

FLORIZETE – Gente, essas véia são doida, precisavam de uma surra. Vou tomá meu rumo também.

(Sobe para o trabalho)

MELLANI – Pensei na nossa conversa ontem, Má. Realmente percebi que os meus guri tão precisando de ajuda. E não adianta eu contar com o pai deles. Acho que eu vou seguir teu conselho e falá cás patroa.
MARIZETE – Vai, sim, mulé. No mais, só vai levar um não, coisa que tamos acostumadas.
MELLANI – E nem sei o que falar, elas já me ajudam tanto. Não quero esmola, nem favor, mas ver se eu arrumo uma solução pra isso, clareá minhas ideias.

(As duas sobem para o trabalho)

MOREIRA (interfona para o Beto) – Hómi, tenho uma notícia daquela! Vou explodir a caixa d'água.
BETO – Que é isso?
MOREIRA – Isso mesmo que você ouviu. Vou explodir a caixa d'água. Eu fiz um seguro do meu apartamento e vou ganhar uma grana.

BETO – E eles pagam assim?

MOREIRA – Isso, a gente segura as coisas e se der merda com as nossas coisas, eles pagam pra nóis o preço combinado. Que coisa doida isso, né?

BETO – Que lôco. Eu já vi gente famosa que segurou a bunda.

MOREIRA – E como faz pra ganhar algum dinheiro? Ela perde a bunda?

BETO – Sei lá, coisa de rico, vai entender. Mas me fala, eu posso fazer isso também?

MOREIRA – É complicado, aprende comigo essa semana e depois faz na sua casa.

BETO – Olha, eu sempre digo, o Moreira é o cara. Tu manda bem, meu chapa.

MOREIRA – Agora tá chegando o cara do portão, depois falamos. (Atende interfone e conversa com o técnico do portão) – Então, soltei os fios do motor conforme combinamos. Ele tá abrindo e travando. A síndica pediu pra tu arrumar essa bosta já. Mas não arruma rápido, senão dá na cara e ela tá aqui no prédio hoje... Tá... Vai lá.

(Chega o carteiro e Moreira vai lá fora. Cena atrás do vidro jateado)

MOREIRA – Entra aí, fé da zunha, toma as correspondência do quarteirão de cima que tu deixou aqui ontem. Que tem de bom hoje?

CARTEIRO – Pra nóis, nada.

(Pega as correspondências do outro quarteirão e entrega a correspondência do prédio)

MOREIRA – Mas tudo nos conforme? O dia hoje tá ensolarado, o cão...
CARTEIRO – Vô nessa.
MOREIRA – Té mais.

(Carteiro sai)
(Vão para a cozinha Maria José, Mellani e Marizete)

MARIA JOSÉ – Tem cliente chegando? Só você para pagar esse mico.
MARIZETE – Não é mico, tô me profissionalizando. A patroa tá dando umas dicas e eu tô pensando em abrir uma tenda no fim de semana.
MELLANI – Cê acha que pobre quer vidente ou sei lá que bagúio esse que cêis fazem no 41? Pra sabê de que? Desgraça? Melhor esperar acontecer...
MARIZETE – Não vou atender no meu bairro, né? E somos videntes da luz... Vou lá pra Praça da República e monto minha tenda.
MARIA JOSÉ – Isso num dá cadeia não?
MARIZETE – Num tô fazendo mal pra seu ninguém, nem enganando... Eu vendo sonhos. Zezé, que é isso na sua nuca?
MARIA JOSÉ – Nada!
MARIZETE – Mostra isso aqui, mulé! Nada, o caraio!
MARIA JOSÉ – Levei uma cintada agora pouco, mas também... Quebrei um copo!

MARIZETE – Nossa, mas cê tá doida. Isso não existe, vamos denunciar. Imagina se quebra um prato...

MARIA JOSÉ – Aí que tava lascada. Mas não se mete, não posso perder esse emprego.

MELLANI – Emprego? Isso na minha terra tem outro nome. Gente, elas chegaram no limite

MARIZETE – Minina, isso num tá certo, tu num pode deixar isso acontecer. Se você não fizer nada, nós vamos fazer.

MARIA JOSÉ – Eu guento.

MARIZETE – Até quando? Olha vamos pensar em algo, a Maria José tem que dar um basta nisso. E você, Mellani?

MELLANI – Falei cá patroa, abri o jogo. Elas vão tentar arrumar vaga na creche pra mim e querem falar com o pai dus minino.

MARIZETE – Vixi, ele vai levar uma carcada...

MELLANI – Pois é, tô com medo. Será que chamo ele mesmo?

MARIZETE – Claro, alguém precisa fazer esse hómi tomá um rumo.

MELLANI – Ele vai ficar tiririca, mas vou falar sim, pior não pioreia.

MOREIRA (gritando) – Aí macumbeira, chegou a doida que você tava esperando.

(Sai Marizete para receber a cliente e vão para o apartamento)

MELLANI – Olha, minha vida tem dia que é uma tristeza, mas seguro as pontas por causa dos meninos... Tu tem que tomar uma atitude nisso, senão eu mesma vô lá... Me escuta, numa hora dessa você se endoideia e mete a panela na cabeça da véia. A gente nunca sabe do que é capaz no nervoso e gente calada assim igual ocê...

MARIA JOSÉ – Pior é que elas não tem ninguém, nenhum parente. Nunca receberam visitas, nem saem de casa. A mãe e a filha são lôca demais e eu sou a única que cuida delas. E mesmo assim, me esculacham. Eu até gosto delas, mas tem dia que quase penso numa besteira.

MELLANI – Seja que besteira for, melhor não fazer, vamos pensar de cabeça fria. Mas isso não vai passar em branco, não.

MOREIRA – Sobe neguinha, sua dona tá chamando.

MELLANI – Vou subir com você.

Cena 7

14.00 TARDE
(Troca de turno. Chega Washington)

WASHINGTON – Boa tarde, Moreira, o dia foi bom? Tô vendo tudo seco aqui.
MOREIRA – Calma que tô elaborando mais esse plano. Tô pensando também em botá fogo na casa!
WASHINGTON – Pronto, agora surtou de vez! Cê tá lôco, homem?
MOREIRA – Que lôco, que nada. Tô falando que é você que pensa pequeno. O Beto me apoia. Vou subir.

(Sai Moreira e Washington interfona para Marizete)

WASHINGTON – Ô, minha linda, desce aqui quando der uma brecha. Saudadezinha, minha baiana... Tá... Desce antes da cliente então... Beijão na orelha!

(Chega Marizete)

MARIZETE – Oi, meu rei!
WASHINGTON – Meu dia clareô. Roupa nova, minha cigana?
MARIZETE – Você repara em tudo, isso mexe comigo.

Gostou? Reformei. Agora, olha o recheio! Comprei ontem.

(Abaixa a blusa pra mostrar o sutiã)

WASHINGTON – Deus do céu, sua safada! Qué me deixá lôco? Eu faço tudo que for preciso pra ter você na minha vida. Você sabe que tá perdendo tempo com esse enrosco, e nem gosta dele. Compara nós dois. Te elogio o tempo todo, te dou carinho, tenho boas intenções com você, duvido que ele é assim. Agora só falta você decidir.
MARIZETE – Tamos brincando de lesco lesco há muito tempo e... eu... eu terminei com aquele rolinho, ele nem era meu namorado. Mas não quero também ficar nesse fode nem sai de cima com você. Essas galinhagem que a gente fica fazendo não tá certo... Quero coisa séria.
WASHINGTON – Minha flor, o que você quer de mim?
MARIZETE – Saber o que você quer de mim! Isso é o que eu quero. Agora abre o portão que chegou a cliente. Outra hora continuamos essa conversa, ela tem sessão dupla. (Recebe a cliente e sobem juntas) – Vem, Dona Carlota, nós vamos te ajudar a se encontrar.

(Chega Moreira)

MOREIRA – Então, tô indo buscar o kit na loja de material de construção.
WASHINGTON – Que kit?

MOREIRA – É o seguinte, o plano tá traçado! Eu vou fazer um dispositivo que acione o pino do fogão. Colôco ele numa posição que fure exatamente a base da caixa d'água. Aí ela explode e vaza água só no meu apartamento.
WASHINGTON – Só isso que você vai fazer?
MOREIRA – Isso, ué. O plano perfeito.
WASHINGTON – E não vai dar cagada nenhuma? Só você acredita...
MOREIRA – Claro que não, imagina... O Beto concordou comigo.

(Chama o Beto pelo interfone e põe no viva voz)

WASHINGTON – Vai explodir sua casa também, sua besta?
BETO – Washington?
WASHINGTON – Claro.
BETO – Eu vou depois, não sei se vou explodir, acho que só vou alagar. Esse negócio de explosão é meio arriscado.
MOREIRA – Que nada, com explosão ganhamos muito mais, e já vai tá tudo dibaixo d'água mesmo.
BETO – Isso lá é verdade.
WASHINGTON – Quer saber? Acho que vocês estão certíssimos. Como não pensei nisso antes? Explodir um bujão de gás dentro da minha casa e bem debaixo da caixa d'água! É brilhante.
MOREIRA – Não disse? Agora bóra pra minha casa da Praia Grande. Com essa bolada que eu posso ga-

nhar no trambique, eu compro a Praia Grande toda. E se bobear, Peruíbe também.

WASHINGTON – Num sei se rio ou se choro
BETO – Ri!
MOREIRA – Vou nessa... Vou lá na loja , até mais.
BETO – Até.
WASHINGTON – Isso vai dar é merda.
MOREIRA – Por isso que tu é pobre, certinho demais pro meu gosto. E num tô fazendo nada de desonesto.
WASHINGTON – Olha, Moreira, quanto mais me explica mais desixplica. Vou fazer como sempre faço. Num tenho nada com isso.

(Sai Moreira)

Cena 8

18.00 TARDE
(Chegam todas as faxineiras e vão para a cozinha, Marizete fica com Washington de agarramento na portaria)
(Cozinha)

MELLANI – Que dia pauleira, hoje! Caprichei no carinho.
JERVINA – Eu só enrolei. Tava sem saco!
MARIA JOSÉ – E eu não tô me agüentando em pé.
FLORIZETE – Hoje tem festa no 12. Ele me pediu pra fazer uns petisco.
JERVINA – Esse aí do 12, depois que separou da mulher, só quer saber de festa. Amanhã é minha folga, mas eu vou passar cedinho aqui pra buscar umas coisas.
MELLANI – Que coisas?
JERVINA – Coisas que não são da conta de seu ninguém. Por falá nisso, só entrei aqui pra molhar a boca num cafezinho e vou embora. (Jervina sai)
FLORIZETE – Que que essa aí tá aprontando? Vou pegar ela no pulo. Amanhã vou fazer faxina no prédio e vou chegar cedinho. Essa mulé dá nó em pingo d'água!
MARIA JOSÉ – Curiosa a senhora, hein?
FLORIZETE – Nada, eu até sei a coisa que ela vem pegar... Mas me fala uma coisa, Zezé. Você tem que

tomar uma atitude com essas patroas, isso num tá certo. Emprego é bom, é importante, todo mundo gosta, mas péra lá, né?

MARIA JOSÉ – Não quero ficar de chororô não, só reclamando! Mas vou fazer o que, ué?

MELLANI – O que seu coração mandar.

MARIA JOSÉ – Num posso ouvir ele não. Se eu ouvir, acabo fazendo besteira.

FLORIZETE – Isso lá é verdade, quando a gente ouve o coração só se estrupia.

MELLANI – O que seu coração diz?

MARIA JOSÉ – Melhor nem pensar, sabe... Tem dia que eu acredito que o dia vai ser bunito. Aí elas conseguem enfeiar rapidinho. Ser pobre nesse país é uma bosta. Um dia, acabo ouvindo meu coração...

FLORIZETE – O que você fizer a gente apoia.

MELLANI – Dá um abraço aqui, pode contar com a gente, mas não faz nada ainda. Vamos ver se a gente tem uma ideia.

(Elas se abraçam)

MARIA JOSÉ – Vamos tomar nosso rumo.

(Passam pela portaria)

FLORIZETE – Vambora, mulé.
MARIZETE – Vou ficar mais um tiquinho.

(Sozinhos Marizete e Washington)

WASHINGTON – Vamos lá na cozinha um pouco?
MARIZETE – Já decidiu o que vai ser?
WASHINGTON – Vai ser o que, mozinhu?
MARIZETE – Nada! Até amanhã! Fui!
WASHINGTON – Vai entender mulé!

Cena 9

22.00 NOITE
(Geraldo chega)

WASHINGTON – Boa noite, Geraldo, tudo aí pra você. Até amanhã!
GERALDO – Péra aí, que barulhera é essa?
WASHINGTON – Tá tendo festa no 12.
GERALDO – Ai, meu saco, mas hoje é terça! Não é dia de festa!
WASHINGTON – Ué, você que escolhe os dia da festa?
GERALDO – Não! Mas já vi que vai me dar trabalho.
WASHINGTON – Um pouco é bom pra variar.
GERALDO – Vai embora, seu urubu! Acabou com minha noite... Justo hoje que tô num sono perreado!
(Washington sai. Toca o celular: "Atende, atendeeeeeeeee seu minino, atteeeeeeeeeeennnndeeeeeeeeeeeee!")
– Oi, minha linda , tá em casa já? Chegou bem?... Isso, vem cedinho aqui pra gente conversar... Dorme bem, vou ficar a noite toda acordado... É... no 12... nem fala, esse povo arruma cada dia pra fazer festa, né?... Também acho... Tá, dorme bem.

(Geraldo vai dormir. Durante a noite, o interfone toca várias vezes e o relógio vai mostrando as horas passando. Barulho de música alta de uma festa em alguns momentos. Vozes. Geraldo não dormirá nada)

Quarta-feira

Cena 11

06.00 MANHÃ
(Jervina e Geraldo estão muito íntimos e chega o Moreira)

MOREIRA – Que é isso aqui? Eta, seus safados!
JERVINA – Num é nada disso que você tá vendo, deixa de pensar besteira.

(Jervina vai para a cozinha)

GERALDO – Cê num viu nada, hómi! Toma aí seu posto! Vou tomar um café que tô morrendo de sono.
MOREIRA – Vocês ficaram de agarramento a noite toda? Olha lá, hein! Melecaram a cadeira?
GERALDO – Ela chegou agora, deixa de ser maldoso.
(Geraldo vai para a cozinha e Moreira toma o posto) – Ô minha flor, não se aperreia com isso, não.
JERVINA – O problema é que esse aí, a língua não cabe na boca.
GERALDO – Agora que a gente tá se afeiçoando... Não se preocupa, daqui a pouco suas amigas vão saber mesmo.

JERVINA – E quem disse que eu tenho amiga? Essas aí tudo umas pobre. Vamos embora antes que elas cheguem.

GERALDO – Tá de pé o hotelzinho ou desanimou?

JERVINA – Desanimei, e ainda é cedo pra isso. Tamos nos conhecendo, conhecendo apenas. Tem muita coisa que eu não sei de você e você não sabe de mim.

GERALDO – Mas o que mais a gente tem que esperar? Com essa idade que nós estamos não dá pra esperar muito, não. Mas tudo bem, tô num sono...

JERVINA – Vamos conversar mais e ver no que dá. E também resolvi subir pra trabalhar hoje.

(Saem Jervina e Geraldo e Moreira liga para o Beto)

MOREIRA – Meu amigo, é hoje o esquema.

BETO – Está tudo pronto?

MOREIRA – Mais que certo! Tô pensando em detonar hoje à tarde. O prédio tá vazio, poucos moradores.

BETO – Hómi, não tem como dar errado, tá fácil.

MOREIRA – Claro que sim, sou esperto, sei o que eu tô fazendo. E preciso deste dinheiro de qualquer jeito. Eu tenho que sair daqui, cansei dessa joça.

BETO – Você tá certo, se a gente não arrisca não consegue nada nessa vida!

MOREIRA – Se prepara que a tarde vai ter a explosão. Peguei o quartinho de reunião da frente e guardei todas as minhas coleções de figurinhas do Corinthians completa, aquelas que você viu. O dinheiro da casa da praia também tá lá guardado, só guardei as coisas de valor. De resto eu só deixei tralha mesmo. Minha televisão já tava uma bosta, as roupa eu mocosei de jeito dentro do armário que a água não vai pegar. As panelas e a louça vai até ser bom ganhá uma lavada.

BETO – Tá certo. Tá desprendido materialmente, abandonando os móvel velho pra pegá uns novo. Assino embaixo.

MOREIRA – Pois é, me aperta o coração deixar os móveis e umas tranqueiras, mas não posso dar na vista, tenho que deixar as coisas como tão. Só as coisas importantes foram pro quartinho.

BETO – E vai ser que horas isso?

MOREIRA – Agora à tarde, acho.

BETO – Tá nervoso?

MOREIRA – Tô tranqüilo, agora deixa eu organizá umas coisas aqui. Até mais.

BETO – Té.

MOREIRA – Te digo uma coisa: é nóis na fita.

(Chegam juntas Mellani, Florizete, Marizete e Maria José. Vão para a cozinha)

MELLANI – Falei com o pai dos minino ontem. Ele vem aqui agora de manhã, tô com medo.

MARIZETE – Relaxa, ela não vai puxar a orelha dele. Só vai dar uns conselhos... Acho.

FLORIZETE – Verdade. E ele também não é um doido, só um irresponsável.

MELLANI – Nem sei se vai adiantar.

MARIZETE – Pior não vai ficar.

MELLANI – Seje o que Deus quiser. E você, Má? Já se decidiu?

MARIZETE – De que? Ah, tá... Sim, quero saber é do Washington.

FLORIZETE – Para com isso, mulé, já te falei. Não tem que terminar com um só porque tem outro em vista.

MELLANI – Concordo.

MARIZETE – Não é isso, eu amo é o Washington, mas não quero ficar só de agarramento. Sabe como homem é, né? E o outro nem era nada sério.

FLORIZETE – O que será foi-se! Hoje combinei de jantar fora com o marido, preciso resolver a situação com ele e espricar como eu me sinto.

MARIZETE – Isso que eu disse pra ela, Mellani. Pobrema bobo...

FLORIZETE – Não é pobrema, é poblema, sua anta!

MARIZETE – Tá lôca? Pobrema é quando é pequeno, poblema é quando é mais grave.

FLORIZETE – Esqueci, minina, de vir mais cedo, queria pegar a Jervina no pulo. Tenho certeza que ela tá de tititi com o Geraldo. Sabe outra coisa engraçada? Já viu como ela é pudica? Nunca ficou pelada na nossa frente, e eu acho que a gente já sabe o motivo, né?

MARIA JOSÉ – E ainda é meio evangélica... Que cara de pau, né?

MELLANI – Gente, olha quem resolveu falar!

MARIA JOSÉ – Tô calada porque tô matutando umas coisas aqui, um prano.

FLORIZETE – Que tu tá aprontando?
MARIA JOSÉ – Pensei num jeito de dar um susto nas megera.
FLORIZETE – Como?
MARIA JOSÉ – Uma assombrada do quilombo do além.
MARIZETE – Que?
MARIA JOSÉ – Isso mesmo, uma ideia que tá passando no célebro.
FLORIZETE – Tipo aqueles programa de crente possuído?
MARIA JOSÉ – Mais ou menos. Vi um filme de fantasma que puxa o pé dos outro. Foi aí que eu tive a ideia.
MARIZETE – Oba, adorei! E quando vamos fazer isso?
MARIA JOSÉ – Amanhã!
MELLANI – Vocês são lôcas!
MARIZETE – Boa ideia! De manhã elas tão tudo grogue dos remédio, delirando. Eu faço os efeitos especiais!
FLORIZETE – Legal, vamos subindo para bolar esse plano. Quem sabe essa diversão enuveia minha cabeça e paro de pensar no marido.

(Sobem todas)

Cena 12

14.00 TARDE
(Chega Washington)

MOREIRA – Chegô, hómi? Que bom, eu tenho que almoçar correndo e vou no banco, mas tenho que te passar umas coisas.

WASHINGTON – Tirou os plano da cabeça?

MOREIRA – Que nada, e vai ser hoje.

WASHINGTON – Hoje, seu lôco? Mas isso vai dar merda...

MOREIRA – Chega de falar que vai dar merda, Washington. Tô de saco cheio de você ficar jogando areia. Eu sei o que eu tô fazendo.

WASHINGTON – Tá certo, num tá mais aqui quem falou. Mas num sei que birra é essa que você tem com os moradores. Todos te tratam tão bem, todos são educados.

MOREIRA – Por fora, Washington, por fora. Por dentro, eu sei que vêem como pião, porteiro, uma simples porta, uma maçaneta, um cara que tem que tirar o lixo deles. Chega disso.

WASHINGTON – Que revolta, hómi!

MOREIRA – Revolta nada, chega de ficar com sobra, chega de ganhar microondas que não funciona. É sempre assim. "– Moreira vou jogar fora esse sofá, você quer? – Moreira tenho umas roupas velhas, você quer ? – Moreira, sobe aqui que a luz caiu! – Moreira minha pia tá vazando! – Troca a lâmpada! – Me ajuda a arrastar a estante! – Passeia com o cachorro pra mim? – Põe no elevador que eu pego aqui em cima! – Se alguém tocar interfone fala que não estou! – Moreira isso! – Moreira aquilo!" E obrigado? No cú, pardal.

WASHINGTON – Seu Moreira, toma cuidado! Olha lá, hein!

MOREIRA – Por isso tu não vai sair dessa merda nunca. Fui! Cuida aí de tudo e qualquer coisa liga no meu celular.

(Sai Moreira e Washington interfona para Marizete)

WASHINGTON – Desce aqui, meu amor, tenho uma coisa muito importante pra te dizer... Tá bom, te espero mais tarde. Beijos.

(Atende o interfone) – Pois não? No 31? Vou interfonar...

(Interfona para Mellani) – Mellani, seu marido tá aqui. Tá bom, tá subindo.

(Destrava o portão e interfona para Marizete) – Eu, hein, que que o maridão da Mellani veio fazer aqui?... Num tô me metendo... Tá, tá bom... Num tenho nada cum isso mesmo. Tá... Desce logo aqui que tenho uma coisa importante pra falar.

(Chega Marizete vestida de cartomante)

WASHINGTON – Oi, meu amor!
MARIZETE – Que sangria era essa, hómi de Deus?

(Washington se ajoelha, Marizete começa a se emocionar)

WASHINGTON – Meu amor, pensei muito, muito, e sei o que você procura. Eu!
MARIZETE – Convencido!
WASHINGTON – Calma! Escuta! É que antes de tomar essa decisão queria ter certeza dos meus sentimento, do que queria cocê. Tu é muié direita, especial, não queria bagunçar seus sentimento, nem sua razão... Então, vamu lá! (Respira fundo) Tu aceita morá no meu cafofo pra sempre? Ser minha mulé na cama? Cuidá de mim? Lavá minhas cueca? Colocá uns gurizinho no mundo pra gente cuidá? Ficá pelancuda junto comigo? Tomá umas cachaça só do meu copo, pra sempre, só nóis dois? Qué juntá os pano de bunda comigo?

(Abre uma caixinha com uma aliança)

MARIZETE – Mas é claro seu bobo, pra sempre!
(Os dois se abraçam. Toca interfone. Chega cliente da cartomante) – Aí, tinha que chegar uma maluca pra cortar a festa. Beijos amor, até mais tarde!

(Sai Marizete e chega Moreira da rua)

MOREIRA – Pronto, meu destino tá lançado. Chega de pegar promoção de revista Veja, chega de comissão de técnico de elevador, técnico de portão de Net, de TVA, chega de caixinha de pizzaria, Degas, pedreiro, corretor. Eu quero é mais! Quantas vezes quando eu tirava lixo, eu ouvia atrás das porta esse povo me chamando de imigrante, baiano, calango, nordestino. Chega!

WASHINGTON – Eu, hein, hómi, tá exagerando, não? Pra mim é o mesmo baiano de manhã, a mesma cabeça chata. Os professor estudado da USP do 42 são lá do Maranhão e são normal. Ele é até doutor!

MOREIRA – É, mas eles são branco e letrado, por isso respeitado.

WASHINGTON – Sim, mas eles estudaram por que quiseram, não porque queriam se vingar, passar a perna, sei lá. Num tem ninguém pra se vingar, não, seu doido.

MOREIRA – Nesse país aqui é só ser esperto que a gente se dá bem. Quem num é esperto num consegue nada, esse negócio de estudar pra se dá bem é coisa das Europa, de país de rico.

WASHINGTON – Por isso que gringo acha brasileiro tudo safado. Nem todos nóis pensa assim.

MOREIRA – Mas os político e os rico, sim, e são eles que mandam. Olha o hómi lá que roubou o trem pagador... Fugiu prá cá da Inglaterra porque queriam pegar ele de pau e o filho dele que nasceu aqui virou até cantor do balão mágico. E tá tudo certo!

washington – Sei não! Aqui é terra boa, e de gente honesta sim. Se fosse só no jeitinho que dava pra conseguir alguma coisa, esse país já tinha explodido. Tem muito rico que conseguiu enricar trabalhando mesmo, tem muito político que quer ajudar sim, eu preciso acreditar nisso.

moreira – Por isso tá na merda. Bom, vou subir. Cuida aí.

Cena 13

18.00 TARDE
(Chegam as cinco faxineiras. Marizete fica na portaria namorando o Washington e as outras vão para a cozinha. Cenas simultâneas portaria e cozinha, ditadas pela iluminação)

MARIZETE – Eu sei que é cedo ainda di falá disso, mas tava matutando uns nome de fio. Que acha de Rélou? Queria um nome de estrangeiro igual tu. Os menino do 32 me disseram que seu nome é da capital do Estados Unido. Que acha se for uma guria se chamar Brasília? Num quero nome de baiana não, quero nome chique. Que acha de juntar os nossos nome?
WASHINGTON – Marington? Ou Washizete? Legal, né?
MARIZETE – Sei lá, parece nome de cigarro. Gosto de nome forte. Já sei, nome de princesa: Leididai!
WASHINGTON – Topado, nossa filha vai ser princesa mesmo. E se for guri? Eu escolho. Eu quero Washington Junior.
(Marizete chora emocionada) – Que foi, não gostou?
MARIZETE – Amei! Nosso filho vai ser Washington Junior! Leididai e Washingtinho! Até vejo o casal-

zinho brincando na laje. Felicidade é isso, num é dinheiro nem TV de prasma, é pequenininha as coisa que faz a gente enricar... Enricar o coração já basta.

(Cozinha)

MELLANI – Gente, o pai dos menino foi lá no 31.
FLORIZETE – E aí como foi a prosa?
MELLANI – Mais fácil do que pensava. Tava que não me agüentava, o sistema meu tava nervoso. Eu sei que ele é um bom hómi, mas é hómi, né? Parece que esquece das responsabilidade! Elas não deram bronca e ele não ficou de arrumar desculpa, não. Eu que vi que eu tava era errada mesma, não conseguia me espricá nunca, só ficava era chorano pelos canto. O puxão de orelha foi mais em mim do que nele. Elas mostraram que os guri num tem culpa, e os guri são dos dois. Elas falaram umas coisas bunita!
MARIA JOSÉ – O quê?
MELLANI – Pra gente lembrar que os filho cresce e que eles vão olhá pra trás e vê que sempre tiveram pai e mãe. Juntado ou não, o pai é sempre pai e a mãe é sempre mãe. E isso é só uma vez, pra gente não estragar porque eles vão ser sempre nosso ôro.
FLORIZETE – E ele?
MELLANI – Chorou de dá dó. Acho que ele num tinha nunca visto assim nossa cria. Até me apertou o coração... Ele é muito bão, sabe, coração grande. Elas fizeram até uma lista das prioridade nossa, e

vamos seguir. Nem eu sabia que tinha que fazer tanta coisa pelos filho.

MARIA JOSÉ – Agora tem lista pra cuidar de filho é?

MELLANI – Verificar vacinas, levar no médico, comê direito... Fizeram até a lista das comida: legume, fruta, leite. E elas que vão dar toda terça um pôco de feira pra mim. Vão me ajudá na escolinha... Só isso. E falaram que num é difícil. Criança só tem que comer direito e estudar, o resto a vida resolve. Mais fácil que imaginava.

JERVINA – Estudando, eles num tem tempo de virar ladrão. Cabeça vazia, morada do cão!

MELLANI – Mania de achar que favelado é ladrão!

FLORIZETE – E essa cara de boba que tu tá, Jervina? Que andou aprontando?

JERVINA – Nada, num pode ver ninguém bem, é?

(Jervina ocupada fazendo o café não presta mais atenção na conversa)

FLORIZETE – Tá bem, num tá mais aqui quem falou. Eu quero é saber de uma coisa. Zezé, tô pensando no nosso prano. Que acha de amanhã de manhã? A gente vai ser os parente do além que não tamos gostando dos tratamento que tu tá tendo. E vamos puxar o pé dela se elas não te respeitar.

MARIA JOSÉ – Você é lôca, nem tinha pensado nisso direito, mas eu gostei da ideia. Vamos bolar isso no caminho de casa.

(Saem da cozinha, pegam Marizete pelo braço e vão todas embora, Jervina fica na cozinha lendo a Bíblia. Moreira interfona para a portaria)

MOREIRA – É agora!

(Ouve-se uma explosão seguida de água caindo numa enxurrada na frente do prédio. Washington assiste atônito) – Caralho, tá vazando na salinha, puta que o pariu, puta que o pariu!
(Começam a cair notas de dólar e fotos do Corinthians. Desce Moreira desesperado) – Caralho! Fiz merda, olha isso!

(Falando e catando as coisas por trás do vidro. Washington vai lá com ele)
(Toda a cena será por trás do vidro)

WASHINGTON – Que que você fez seu doido?
MOREIRA – Caralho, tá tudo destruído!
WASHINGTON – Mas o que aconteceu?
MOREIRA – Quando eu fui explodir o bujão, ele caiu de lado, voou pela porta afora e explodiu na sala de reunião e arrebentou a caixa d'água pequena de reserva, que caiu só em cima da sala de reunião, sapecou meus móveis e agora tô sem porta. Puta que o pariu, puta que o pariu!
WASHINGTON – Calma, homem, ainda tem o seguro.
MOREIRA – Isso, calma agora! Ainda tem isso. Se eu não arrumar aquela zona vou me explicar como?

Cata as coisas pra mim que eu vou subir pra ligar pro seguro.

(Chega Jervina)

JERVINA — Que confusão é essa, caralho? Não pode nem ler a porra da Bíblia em paz!

(Vai lá pra fora, escuta-se uma conversa enquanto Washington e Jervina catam as coisas)

Cena 14

22.00 NOITE
(Chega Geraldo. Washington vai embora e Jervina chama o primeiro na cozinha)

JERVINA – Fiquei te esperando, nem sabe da confusão de hoje, mas nem quero falar. Tenho assunto mais importante.
GERALDO – Que cara de nervosa é essa?
JERVINA – Sabe, tamos velhos, né? Não temos muito mais o que esperar da vida... Quero saber suas intenção comigo.
GERALDO – Ficar com você, ora! Só temos o resto da vida, mais nada.
JERVINA – Eu num quero filho, num suporto criança.
GERALDO – Já nem temos idade pra isso. E você nem deve mais engravidar...
JERVINA – Nunca pude engravidar.
GERALDO – Tem gente demais no mundo.
JERVINA – Se eu tivesse defeito me queria?
GERALDO – Todos temos.
JERVINA – Se o defeito for grande?
GERALDO – Num há defeito que supere meus sentimento.

JERVINA – Nunca disse pra seu ninguém, mas se for pra me deitar com você, eu tenho que falar.
GERALDO – Eu gosto do que vejo e num vejo defeito que mude minha cabeça.

(Jervina levanta a saia e mostra que é transexual)

JERVINA – Sou hómi num corpo de mulé.

(Apagam-se as luzes)

Quinta-feira

Cena 15

06.00 MANHÃ
(Começa a cena. Geraldo está com os olhos arregalados, não dormiu nada. Chega Moreira muito nervoso)

MOREIRA – Que cara é essa, hómi? Num dormiu?
GERALDO – Nem um segundo... Me fala uma coisa. Sabe aquelas revistas dos travesti que você tem? Você comia um daqueles?
MOREIRA – Na hora.
GERALDO – Vou indo pra casa.

(Moreira interfona para o Beto)

MOREIRA – Beto, tô fudido!
BETO – Que foi, hómi?
MOREIRA – Você viu o estrago lá em casa ontem, né? Então, agora tô esperando os homem da seguradora, mas a conversa já foi estranha pelo telefone... Tô esperando eles aqui!
BETO – Calma, hómi, vai dar tudo certo.
MOREIRA – Sei não, se eles me passarem a perna, eu mato eles. Pior que perdi meus dinheiros, tudo mo-

lhado, minhas figurinhas do Corinthians. Tô que não me aguento, ontem fiquei a noite toda passando toalhinha de jogador em jogador. Perdi os recorte de jornal das vitórias que eu tinha. Tudo tudo!
BETO – Calma hómi, mas eu te disse que isso não ia dar certo.
MOREIRA – Disse quando, inferno??!!

08.00 MANHÃ
(Desliga interfone e chegam Mellani, Marizete, Florizete e Maria José. Vão para a cozinha. Vestem-se com roupas de escravas de início do século e sobem para o apartamento 22. Moreira, ansioso, não sai do celular)

08.22 MANHÃ
(Descem as quatro tirando a roupa e apavoradas. Chega a ambulância. Som de sirene. As luzes da ambulância tomam conta da cena)

MARIA JOSÉ – Moreira, abre correndo, eu tava na faxina normalmente... Acho que a mãe do 22 morreu!
MOREIRA – Hoje num é dia de morrer, não, minha cabeça já tá cheia!

(Moreira sai de cena para ajudar. Por trás do vidro, vê-se a silhueta dos médicos subindo ao apartamento, descendo com o corpo. Enquanto tudo acontece, as quatro tiram as fantasias e conversam, nervosas)

FLORIZETE – Pegamos pesado!... Lascô!... Fudeu!

MELLANI – E agora? Num posso ser presa!
MARIA JOSÉ – Que fizemos, meu Deus?
MARIZETE – Ninguém tocou nelas, velho morre mesmo!
FLORIZETE – Ainda bem que a que ficou viva é desmiolada!

(Toca interfone. Moreira manda Maria José subir)

MARIZETE – Acho que arrumamos um segredo pra levar pro túmulo.
MELLANI – Não sabia que susto matava!
FLORIZETE – Claro que mata! Nunca ouviu falar que alguém morreu de susto? Se o destino dela era morrer de susto, podia até ser tricotando! Fritando ovo!
MARIZETE – Gente, nóis vamos pro inferno!

(Chega Jervina triste)

FLORIZETE – Acabou o assunto.
JERVINA – Que futúncio é esse aqui?
MARIZETE – Morreu a mãe do 22, acredita? Coitada!
JERVINA – Já tava fazendo hora extra... Vou trabalhar que ganho mais.

(Chega Maria José)

MARIA JOSÉ – Cêis num vai acreditar, a filha me abraçou chorando... Disse que teve uma visão. Pediu desculpas, disse pra eu nunca abandonar ela, disse que sempre vai estar comigo. Gente, já tô vendo minha ficha sendo preenchida na recepção do demo!

FLORIZETE – As ficha di nóis tudo tá lá no balcão. Sei lá o que fizemos, mas duma coisa eu sei. Esse segredo será nosso pro resto da vida.

MARIZETE – Tem outra solução?

MELLANI – Não, né? Morto morrido, morto enterrado.

MARIA JOSÉ – Vou cuidar dela pro resto da minha vida, essa vai ser minha penitência.

FLORIZETE – Dei o cu ontem.

MELLANI – Num credito!

FLORIZETE – Amo meu marido.

MARIA JOSÉ – Gente, viramos assassinas e você falando de cu!

MARIZETE – Esquece, mulé, ninguém queria matar ninguém... Morreu por obra de Deus.

MARIA JOSÉ – E nossa ajuda!

FLORIZETE – Ajudar Deus num é pecado! E você sabe reviver defunto?

MARIA JOSÉ – Não!

FLORIZETE – Então só nos resta orar por ela, agora já foi. Num era a intenção.

(Oram em silêncio)

Cena 16

14.00 TARDE
(Chega Washington)

MOREIRA – Demorou, porra!
WASHINGTON – Cheguei no meu horário.
MOREIRA – Tenho que subir com o cara da seguradora que tá apontando ali já, abre o portão pra ele. Hoje o bicho tá pegando! Morreu a véia do 22 e num tô com cabeça pros poblema dos outros.

(Moreira sai correndo, Washington interfona para Marizete)

WASHINGTON – Desce aqui, num tô entendendo nada... Tá, espero... Um chêro.

(Desce Marizete)

MARIZETE – Oi, meu nego!
WASHINGTON – Que aconteceu aqui que num tô entendendo nada?
MARIZETE – Morreu a patroa da Zezé... Tadinha, do nada apagou. Deus a tenha!
WASHINGTON – Morreu de quê?

MARIZETE – Num sei, num tava lá! Cheguei depois! Só me falaram! Nem conhecia ela direito!... Mas de morte morrida mesmo, desplugou da tomada.

WASHINGTON – Tadinha!

MARIZETE – Pois é, vou orar muito pra ela. Hoje nóis quatro vamos na igreja fazer uma novena.

WASHINGTON – Que bunito da sua parte. Não sabia que você era tão religiosa!

MARIZETE – Nem era muito, mas... Me tocou, sabe? Num era religiosa, mas agora eu sou. Vai ser 90 dias de oração, um pra cada ano da véia.

WASHINGTON – Nossa, mas agora mudou de religião?

MARIZETE – Respeita os morto, hómi!

WASHINGTON – Tenho uma segunda proposta pra você.

MARIZETE – Num é casar no cartório já não, né?

WASHINGTON – Eu lá preciso de papel pra te amar? Muda pra casa amanhã! Já comprei hoje cedo no cartão nossa cama, armário, ráqui e ainda ganhamu uma mesinha de centro.

MARIZETE – Assim tão rápido?

WASHINGTON – Num ti quero só de namorico, te quero de esposa.

MARIZETE – Hoje num tô com cabeça. Podemos falar disso amanhã?

WASHINGTON – Sou seu! Tu que manda, meu caruru.

(Chega Moreira, sai Marizete)

MOREIRA – Me fudi! Tô lascado! Cagou! Caralho! Tô fudido!

WASHINGTON – Por que?

MOREIRA – Num vão cobrir nada do meu seguro!

WASHINGTON – O que tu quer dizer com isso?

MOREIRA – Isso mesmo que tu ouviu! Tem que pagar uma taxa de franquilha, sei lá, porque os danos eram mínimos. E só tava no seguro o que tava dentro do apartamento... E tô sem porta, sem sofá, meus documentos tudo molhado, meus dólar tudo no varal, o Corinthians foi pra cucuia, fudeu, fudeu tudo!

WASHINGTON – Calma, hómi.

MOREIRA – Ficá calmo como, agora que não compro mais nem um barraco? Pior não é isso, quando a síndica chegar e souber que a cagada foi por causa de um bujão de gás meu... E ainda vou ter que explicar como ele foi parar na sala de reunião. Aí, sim, que tô fudido!

WASHINGTON – E seu dinheiro?

MOREIRA – Picas! Mas a maior parte tá lá secando. Mas vou ter que ainda arrumar a caixa d'água, a janela que voou aqui embaixo, e consertar as portas.

WASHINGTON – Quer um conselho? Eu, se fosse você, consertava essa bosta antes que a merda feda mais ainda!

MOREIRA – Fazer o que né? Tô com coração saindo pela boca, até tirei minha pressão. Tá 13x10. Tô que não me aguento, explodindo de raiva. Num pode ser verdade isso, caraio! Tava tudo certo... Minha vida tava nos trilho, a luz do fim do túnel tava chegando, era minha vez, minha hora, minha jogada final!

WASHINGTON – Posso falar?
MOREIRA – Não.
WASHINGTON – Cê conhece a história do hómi que comprou a torre Eiffel?
MOREIRA – Vai tomar no cu!

(Moreira sai)

Cena 17

(Descem as 5 faxineiras para a cozinha)

JERVINA – Onde vocês vão todas arrumadas?
MELLANI – Pra igreja!
JERVINA – Esse mundo então tem solução.
MARIA JOSÉ – Dá licença, véia chata, ninguém nunca emplicou que você é traveca, então num vem se meter na nossa vida!
JERVINA – Que tu tá dizendo, sua nega safada?

(As duas se engalfinham. Florizete e Mellani separam as duas)

FLORIZETE – Sussega, Sebastião, a gente sempre soube e sempre te amou. Quem nunca teve amigo travesti que atire a primeira pedra.
JERVINA – Num sei do que vocês tão falando...
MELLANI – Tamos falando que num temos nada com isso e você é chata sendo hómi ou mulé. Seje o que quiser, mas não me aporrinha.
MARIA JOSÉ – Jervina, você sempre vai ser pra nóis uma véia ranzinza, não se preocupa, sempre vamos achar você uma véia chata!

JERVINA – Brigada, também nunca vou gostar de vocês.
MARIZETE – Então, tá tudo certo. Té mais.

(Saem as quatro e fica Jervina lendo a Bíblia)

Cena 18

22.00 NOITE
(Chega Geraldo e Jervina está esperando por ele na cozinha, muito nervosa)

JERVINA – Oi , tava aqui por acaso arrumando umas coisas. Já tô indo.

(Geraldo pega ela pelo braço)

GERALDO – Péra.
JERVINA – Que foi?
GERALDO – Quem mais sabe disso?
JERVINA – Ninguém.
GERALDO – O seu defeito me impede de ficar cocê.
JERVINA – Eu sabia!
GERALDO – Mas você pode mudar.
JERVINA – Num tenho dinheiro pra operar e gosto de como sou.
GERALDO – Seu defeito não precisa de médico pra consertar.
JERVINA – Conserto onde então? No açougue, no funileiro?
GERALDO – Quem disse que é esse defeito que me incomoda?

JERVINA – Do que tá falando? Tá vendo, agora tenho um milhão de defeito.

GERALDO – Outro defeito. Só um.

JERVINA – Num tô entendendo!

GERALDO – Essa amargura cá vida que cê tem.

JERVINA – Como não vou ser assim? Se eu falasse pra todo mundo, aí que me esculhambavam.

GERALDO – Eu num gostava da Jervina de antes?

JERVINA – Sei lá?

GERALDO – Vejo na minha frente a mesma véia reclamona de sempre.

JERVINA – Isso é verdade, não mudei.

GERALDO – Então muda!

JERVINA – O quê?

GERALDO – Ama a vida e deixa eu te amar.

JERVINA – Só isso?

GERALDO – A vida num muda, mulé. Bom e ruim ao mesmo tempo.

JERVINA – Onde qué chega com isso?

GERALDO – Tô te propondo um acordo. Você ama a vida e deixa eu te amar.

JERVINA – Só isso?

GERALDO – Num é fácil o que eu tô pedindo? Quer tentar?

JERVINA – E na cama? Vai conseguir?

GERALDO – Deve dar certo isso, né? Até o Ronaldinho já comeu...

JERVINA – Sou assim, mas nunca fiz programa. Nasci assim. Ser como sou não é ser puta, é escolha.

GERALDO – E te escolho. Mas tem uma coisa. Terá

que ser sempre minha mulé pros outro. Na vila, na rua, na minha família, tu é mulé. Na cama, a gente resolve, mas pros outro tu será mulé.

JERVINA – Disso eu entendo. E qué dizer o quê?

GERALDO – Que eu te aceito como você é se você aceitar como eu sou.

JERVINA – E como tu é?

GERALDO – O que tu sempre viu. Mas o único combinado é a gente mudar os defeito um do outro... Se lavar minhas cueca de freiada de bicicleta, tô feliz.

JERVINA – E vou lavar sorrindo.

(Os dois se abraçam. A luz e apaga)

Sexta-feira

Cena 19

06.00 MANHÃ
(Chega Moreira. Geraldo e Jervina estão dormindo abraçados na cozinha)

MOREIRA – Que é isso? Vou colocar ordem aqui! Sou ou não o zelador dessa joça? Tenho que zelar pelo ambiente de trabalho.

(Levantam assustados)

GERALDO – Desculpa, Moreira, a gente tava conversando e pegamos no sono.
MOREIRA – Pelados?
JERVINA – Tava calor. Tchau, Geraldo. Vou subir.

(Jervina se veste mais ou menos sai)

MOREIRA – Seu safado, agora entendi a pergunta. Mas toma seu rumo que hoje acordei com o capeta!
GERALDO – Porra, só eu não sabia? Desculpa, Moreira, já vou tomar meu rumo.

(Sai Geraldo e Moreira vai para portaria. Toca o interfone, é o Beto)

BETO – E aí, hómi, acordou bem? Refrescou as ideia?
MOREIRA – Já nem tô pensando nisso. Mas o seguinte: queria trocar a fiação da Net, da TVA e do circuito interno dos nossos dois prédio.
BETO – Boa ideia, isso é ótimo!
MOREIRA – E não é só isso, tô com um projeto novo aqui na cabeça. Chama SVU! Sistema de Vídeo Único. Vamos integrar todos os condomínios e os outros zeladores, e até moradores, poderão ter acesso também. Pagando pra mim, é claro. E vai virar assinante do canal que mostra os melhores momentos de todos os prédios em tempo real. Vou ficar rico! Aí sim, além de recuperar o perdido, vou ganhar é o triplo... Olha fiz as contas, se cada morador que tiver acesso ao canal me pagar cinquenta real... Em cada prédio tem uns quarenta apartamentos, se uns dez de cada quiser, dá uns quinhentos real vezes uns cem do quarteirão. Dá cinco milhão no mês. Porque não pensei nisso antes?
BETO – Tem que gastar com fio. Fio eu posso arrumar se eu puder virar sócio.
MOREIRA – Sócio não. Assistente!

(Chegam as quatro e vão para a cozinha)

FLORIZETE – Gente, orei tanto que meu joelho tá que não aguenta... Pena que comprei spa de pé, podia ter sido spa de joelho. E eu ia lá saber que ia rezar de joelho noventa dias? A gente podia ter matado ela com quarenta anos, trinta anos...

MARIZETE – Bate na boca! E temos ainda 89 dias ajoelhadas...

MELLANI – Tenho uma novidade.

MARIZETE – Eu também.

MELLANI – Primeiro eu! Trouxe meu hómi pra casa de novo. Dormimos juntos, acho que peguei barriga. Senti isso, sabe?

MARIZETE – De novo? Depois ele te larga! Tá lôca?

MELLANI – Dessa vez é pra valer, ele disse.

MARIZETE – Precisa emprenhar, sua doida? E precisa meter assim na doideira?... Pensando em camisinha... Vou me mudar esse fim de semana pra casa do Washington!

FLORIZETE – Essa agora tomou rumo, quero ver quando assanhar de ir pro forró.

MARIZETE – Vou com ele, ué!

MARIA JOSÉ – Vou me mudar também!

MELLANI – Pra onde?

MARIA JOSÉ – Pra cá pro prédio, vou morar cá patroa.

FLORIZETE – Quando aconteceu isso que não vi?

MARIA JOSÉ – Ela me ligou à noite e convidou, tipo dividir apartamento como amigas... Essa será minha penitência.

MELLANI – Tem certeza no que tá fazendo?

MARIA JOSÉ – Tenho. E se ela ficar chata de novo, a gente chama meus antepassados.

FLORIZETE – Eu, hein, num mexo com isso mais é

nunca. E tenho novidades. Vou pra Bahia de lua de mel com o marido ver os parentes. Ele disse que tava me devendo essa lua de mel faz tempo. Se soubesse disso, já tinha dado o butuco antes.

MARIZETE – Vamos tomar nosso rumo. Por falar nisso, cadê a Jervinão?

(Saem)

Cena 20

14.00 TARDE
(Chega Washington)

WASHINGTON – Boa tarde, Moreira. Tudo resolvido?
MOREIRA – Resolvido o quê? Toma seu posto.
WASHINGTON – Tá bom, abraços.

(Chega Marizete vestida de cartomante)

MARIZETE – Oi, meu hómi, amanhã tô indo.
WASHINGTON – Num vejo a hora.
MARIZETE – Também tô nervosa, te amo.
WASHINGTON – Também.
(Interfone toca. Chega cliente) – Sempre tem que ter uma maluca pra cortar nosso barato. Agora vamos ter nosso canto. Vai lá, minha mãe Diná!

Cena 21

18.00 TARDE
(As cinco faxineiras na cozinha)

JERVINA – Queria dizer uma coisa.
FLORIZETE – Fala! Novidades?
JERVINA – Desculpe por tudo, as grosseria, as amargura, sei que sou casca grossa e vou melhorar.
MELLANI – Que bicho te mordeu?
JERVINA – Nenhum, percebi os erros.
MARIZETE – Pau que nasce torto nunca se endireita, menina que...
JERVINA – Não vou virar amiga, só vou tentar ter educação.
FLORIZETE – Já tamos no lucro.
MARIA JOSÉ – Vou sair cá patroa hoje à noite. Vamos no bailão.
MELLANI – Viraram amigas assim? Nossa, se soubesse antes, a gente tinha chamado seus parente mais cedo.
JERVINA – Que parentes?
MARIZETE – Nada. Vou indo que tenho que juntar meus pano de bunda.
FLORIZETE – Vou também que esse fim de semana vai ser diferente, vou com o marido pra Bertioga.

MELLANI – E eu tenho que fazer a janta, que o meu hómi chega logo em casa.
JERVINA – Também vou que tô de mudança.
MARIA JOSÉ – Pra onde?
JERVINA – Semana que vem eu conto.

(Saem todas juntas abraçadas e sorrindo)

Cena 22

22.00 NOITE
(Chega Geraldo)

GERALDO – Boa noite, Washington.
WASHINGTON – Noite! Toma aí teu posto. Senta aí, que já vou nessa.
GERALDO – Vou sentar não, minha hemorroida tá atacando. Tô todo doído.

Lapso

Cynthia Becker

Personagens

Velha
Ana
Ian
Menina

...

Naquela tarde, apressada para chegar em casa, uma voz escondida, perdida, sussurra pelo seu nome, seu nome vindo de trás da árvore.

Ana, vem aqui...

Aqui.

Susto. Tragicamente velha, ela. Sente aqui, deixe-me pentear seus cabelos embolados. Enquanto você se desespera com o tempo, eu te penteio. A Velha seduz. Seduzida, a bela senta.

Eu tô indo então, tá?

Eu tenho que ir.

Na risada macabra, com as suas unhas compridas de esmalte roxo descascado, a velha puxa a cabeleira da moça e a obriga sentar e olhar fixamente sua melancolia.

Sua melancolia.

(Escrava do que não existe mais)

Penumbra.

Então, docemente a Velha tira um alfinete do bolso, ela tira o alfinete do bolso e leva e fura e perfura o pescoço de Ana. Dor aguda de fincada na veia! Gargalhada da velha de voz rouca:

Não tem mais volta.

O que te resta é seu silêncio.

Ana agoniza, grita e desmaia à beira da estrada. Sumiço da Velha, sangue na roupa:

Abriu os olhos.

Olhou para o céu.

Sorriu.

Nunca mais ela voltou.

Estrada, sol

Ana caminha na estrada.

Casa da Velha

A Velha acorda e senta-se à beirada da cama.

Estrada, sol

Ana caminha na estrada e Ian aparece de bicicleta.

IAN – Ei. Aonde você vai?

Ana sorri.

IAN – Para onde você vai?!
ANA – Isso interessa para você?
IAN – Por que você está me falando isso?
ANA – Você quer saber aonde eu vou.
   Ouvir isso de você é estranho.
IAN – Você nunca vai, assim, sem me avisar.
   Sobe aí que eu te levo.

ANA – Não.
IAN – O que foi, Ana?!
ANA – Por que eu sempre tenho que ir com você?
IAN – Sobe aí.
ANA – Me fale mais de você.
IAN – O calor, a minha cabeça está quente.
A minha pele arde. Eu não posso ficar aqui.
ANA – Me ouça! Eu preciso!
Eu quero mais! Me fale de você!

Silêncio de Ana.

IAN – O sol está forte. Eu tenho que ir.
ANA – Sempre. Quando eu quero saber mais de você, você foge.
Nunca se expõe.
Ao sol.
Estar na sombra é mais fácil.
Ian, eu não vou com você.
IAN – Não?

Silêncio.

IAN – Você não vem?

Silêncio.

IAN – Ana...

Ele pensa, ele parte em sua bicicleta...

ANA – Não vá embora! Eu gosto de você.
Não! Vá embora!

Ele pára, os dois se beijam.

ANA – Você me empresta a sua bicicleta?
IAN – Eu já falei que eu te levo.
ANA – Eu não quero.
IAN – Aonde você quer ir?
ANA – Você me empresta?

Ana toma conta da bicicleta.

IAN – Aonde você vai, Ana?!
ANA – Eu já volto.
IAN – Ana, me responda!
ANA – Eu sei pouco de você.
Você não me ouve e eu não te respondo.

Ana começa a pedalar lentamente na bicicleta.
A Velha atravessa o palco.

IAN – Você não vai me deixar aqui!
ANA – Sente ali.
Na sombra.
Me espere.

Ian segura a bicicleta, Ana desequilibra e cai!
Silêncio, tensão
Silêncio, tensão

Silêncio, tensão

IAN – Ana... Ana
 Eu não quis te machucar!
 Me responda!
 Eu não quero te machucar!
 Porra!
 Não me deixe te esperando e me responda quando eu pergunto aonde você vai!

 Desculpe... Está doendo?

 Saia do sol.

Ana no silêncio. Ela não responde, se levanta.

ANA – Não saio. Eu não vou para lugar algum.
 Com você para lugar algum...

A Velha interrompe a conversa.

VELHA – Ana, vem aqui...
 Aqui.

Somente Ana percebe a sua presença.

 Deixa eu te ver bem de perto.
ANA – Eu?
VELHA – Sim. Você. Vem.

ANA – Como assim?

Ana se aproxima.
A menina entra na casa

Casa da Velha

ANA – Você me conhece?
VELHA – Melhor que você.
ANA – Ele está me esperando lá fora. Eu tenho que ir. Por onde eu saio daqui?
VELHA – Fique.
ANA – A porta, cadê a porta?
VELHA –
Então ele diz: Você é bela
Você vai ser aquela que me espera
Sempre bela
Ela, com as unhas feitas e o filho no braço.
Então ela faz: Faz as unhas, arruma os cabelos, se olha no espelho, espera por ele, espera por ele, sem saber que horas ele chega, que horas?...
ANA – Pare! O que você está dizendo?!
VELHA – O telefone não toca. O telefone toca para avisar que não vem.
Não VEM!
Ela sai,
ela bebe,
ela dança,
ela se perde e
não lembra de mais nada.
Ela não lembra, mas ela espera.

ANA – Pare!
VELHA – Deixe eu te falar. Deixe eu te contar. Olhe para mim!
ANA – O que você quer de mim?
VELHA – Olhe para mim que eu te falo.
ANA – Não olho, você é velha.
VELHA – Pobre querida, está com medo.
ANA – Não! Eu tô, eu não tenho.
VELHA – Olhe aqui!
Você vai ser velha.
ANA – Eu vou morrer antes.

Ana tenta partir.

VELHA – O sol. Está muito quente lá fora.

A menina aparece repentinamente...

MENINA – Nossa, a sua casa está cheia de gato!
VELHA – Tome, tome um pouco de água, você precisa beber.

A menina bebe.

MENINA – Mas quantos gatinhos a senhora tem?!
VELHA – Deite aqui, você está com insolação.

A velha leva Ana para dormir, a menina dorme.
Black-out e a luz se acende.
Ana acorda assustada.

ANA – Têm sonhos que eu não quero sonhar.
VELHA – A realidade te sonha.
Te sonha realidade.
ANA – Eu tenho que ir...

Black-out e a luz se acende.

VELHA – Quer um chá?

Black-out e a luz se acende. Ana vai até a porta e tenta abri-la.

ANA – Que merda, está emperrada!
VELHA – Não, ela não está.
ANA – Como não! Ela não abre!
VELHA – Está trancada.
ANA – Cadê a chave?!
VELHA – No meu bolso.
ANA – Você quer me trancar aqui?!
A chave!

Silêncio tensão
Silêncio tensão
Silêncio tensão

ANA – Me dê a chave!

A Velha abre a porta parte Ana.

VELHA – Te encontro nos meus sonhos.

Rua noturna

Ele caminha sozinha na rua noturna. Ela sente alguém a seguindo para disfarçar seu desconforto ela canta.
   Não resiste.

ANA – Quem está aí?

Penumbra!

ANA – Quem está aí?!

Mãos geladas... Tudo é noite. Ninguém vê nada, apenas ouve.

ANA – É você?...

Medo!

ANA – O que você quer?!

Escuro e Medo!

ANA – Apareça! Me diga. Pare com isso!!!! Eu sei o que você quer!

Escuro! Pavor! Grito!

ANA – Por favor!!!! Alguém por favor, me ajude!

Ninguém a ajuda. Escuro, muito escuro.

ANA – Não não! Não faça, não quero não faça isso! Me solte!

Alguém a violenta.

VELHA – Moça.
Deixa eu te ver,
te procurar,

Ele a violenta.

VELHA – ir até o seu fundo,
mudar seus hábitos,

Ele a violenta

VELHA – entrar no seu corpo,
mudar seu olhar.

Ele a violenta

VELHA – Ir e ficar.
E quando eu sair, eu existir em você.
Existir em você.

Rua noturna

ANA – Um grito de choro e eu me esvazio de tudo que eu era!

Fotos de Ana, ela pousa em um estado de amargura. Muitos *flashes* sobre Ana.

Casa da Velha

A Velha sentada tomando chá... Contemplando, contemplando.
    Enquanto Ana pousa para fotos a Velha narra:

VELHA – Hoje nesta cidade a lua está para morte.
    Tome cuidado, bela.
    Ele chegou, quis a beijar:
    Não, ela não deixou.
    Ela falou que ia partir.
    Ele riu, disse não.
    – Partir! Partir!
    Lua mortífera, avisa.
    Ela não ouve, ela vê:
    Ah!
    Pobre alma perfurada de pele rasgada e destino acabado.

Rua noturna

Fotos, muitos *flashes* sobre Ana.

Casa da Velha

A Velha sentada tomando chá... Contemplando, contemplando.

Rua noturna

Black-out.
Ian na porta da casa da Velha.

Casa da Velha

Velha – Vem, entre, eu te esperava.

Velha em frente ao espelho, corpo nu.
Ian entra.
Ela fixa o seu olhar no dele, por muito tempo.

velha – Você deixou lá fora a sua bicicleta?
ian – Sim, deixei ela encostada no muro.
velha – Não tem medo que alguém roube?
ian – Tudo bem, é assim mesmo.
velha – Não quer colocá-la aqui dentro?
ian – Não.
velha – Sente-se.
ian – Faz tempo que você está me esperando?
velha – Eu não espero mais, Ian.
  É muito estranho para você?
ian – Não esperar?
velha – Não, esse meu corpo.
ian – Por que você quer que eu o veja?
velha – Isso te repudia?
ian – Não sei se é isso.
velha – Ele é um pouco seu.
  Esse corpo é um pouco seu.

IAN – É. Mesmo não sendo o mesmo, ele é um pouco meu.
VELHA – Você vai ficar aí, parado, o tempo todo de pé?

Ian senta.

VELHA – Um significado, eu buscava um significado para mim.
IAN – E você encontrou o significado?
VELHA – Parei de buscar.
IAN – Parou de buscar.
VELHA – O nosso fim. Não precisava ser assim...
IAN – Não sei.
VELHA – É verdade. Não se poder saber.
Impossível viver todas as possibilidades, não é?
IAN – Talvez.
VELHA – Ian, eu... eu.

Tensão.

VELHA – Se eu te pedir, você faz?
IAN – Sim, você quer eu faço.
VELHA – Você faz em mim o que eu te pedir?
IAN – Peça.
VELHA – As suas mãos nos meus seios.

Ela o beija e coloca as mãos dele nos seios dela.

VELHA – Eu sinto, mas não sei dizer o que é.

Ela reflete.

Agora eu entendo (ela sorri) e isso me basta.

Tempo.

Se você quiser ir, vá.

Ian se afasta e vai até a porta.

IAN – A chave?
VELHA – Está na porta.

Ela chama.

VELHA – Ian...
IAN – O quê?
VELHA – Nada.

Ian vai para o bar.

Bar

ANA – Você demorou.
IAN – Ficou aí sentada?
ANA – Sim, te esperando.
IAN – Precisava ser nessa mesa?
ANA – Pronto! O que é que tem de errado com essa mesa, Ian?
IAN – Gosta de ficar exposta,
GOSTA de ser vista.
Isso te faz bem, não é?!!
ANA – Vai começar?!
IAN – Têm várias mesas ao lado da janela.
ANA – Ah sim, melhor! Pena que eu não pensei nisso antes, assim eu poderia ser vista lá de fora, por essas janelas imensas, eles teriam uma vista panorâmica do meu corpo!
Dá licença, vou ao banheiro.

Ian acende um cigarro, ela vai ao banheiro.
Ele fuma o cigarro.
Ela volta.

ANA – Moço! Uma garrafa de Vodka, por favor.

Alguém sobe no palco e deixa uma garrafa de Vodka.

Ela bebe, ela fuma.

IAN – Ana, você não acha que está exagerando?
ANA – Não me enche o saco.
IAN – Eu estou falando sério.
ANA – Tá bom, pai.
IAN – Porra! Me escute um pouco!!!
ANA – Ai, deu para ser moralista agora!
 Se liga, Ian!
IAN – Me dá a sua bolsa.
ANA – Pra quê?
IAN – Me dá essa bolsa agora.

Ela entrega bolsa para ele.
Ele vai ao banheiro com a bolsa.
Ela bebe, ela fuma.
Ele volta. Ele a beija e enche o copo de Vodka.
Ana pega a bolsa, vasculha, não acha.

ANA – Cadê?! Droga!
IAN – Eu usei. Eu joguei.
 Usei e joguei o que sobrou.
ANA – Imbecil!!!
IAN – Não grite comigo.

Ana se contém.
Tempo.
Ela inquieta...

ANA – Vamos dançar?

IAN – Não tô a fim.

Ana levanta da mesa.

IAN – Aonde você vai?

Karaokê

Ana pega o microfone do Karaokê.
Para o púbico:

ANA – Ian, o que vamos ser quando crescer?
 Você gosta do prazer, não é?
 Olhe, olhe aqui para mim.
 Depois, a culpa é minha, só minha.
 Alguém aqui sabe, tem certeza, que já deu prazer?
 Alguém?
 Em, Ian?

Pausa. Ela sorri.

 Tudo bem, sem vampirismo...
 O que você quer ser quando crescer?
 Pra vocês então, uma canção bem bonitinha da minha infância:
ANA – (Dança e canta) Hum bonequinha
 Hum safadinha
 Hum fatalzinha
 Vem aqui minha criancinha!
 Eu quero ver sua calcinha!
 Sua calcinhaaa!
 Criancinhaaa!!!

Ana repete, ela desafina, ela repete, Ian não está mais lá.
A menina entra em cena, pega o microfone da moça ela canta e dança.

MENINA – Hum bonequinha
   Hum safadinha
   Hum fatalzinha
   Vem aqui minha criancinha!
   Eu quero ver sua calcinha!
   Sua calcinhaaa!
   Criancinhaaa!!!

Ana procura Ian, ele não está mais lá.
Ana vai atrás de Ian.

Porta do Bar

Música de fundo, a menina canta ainda.

VELHA – Como está minha Ana?
ANA – A senhora?!
VELHA – Você parece assustada... Vem, vou te levar para casa.
ANA – Quê? Não estou te ouvindo!
VELHA – Ele já foi embora.
Partiu no seu olhar sem rumo.
ANA – Quê?

Ela afasta Ana da porta do bar. Não se ouve mais a música.

VELHA – Ele já foi embora.
Partiu no seu olhar sem rumo.
ANA – Um perdido.
VELHA – Você que faz ele se perder.
ANA – Olha aqui, se você quer me culpar, você não vai conseguir.
A minha culpa, é estar com ele!
VELHA – Não se sente culpada mas está chorando.
Você é responsável por esse choro.
ANA – Chega, velha!

Ana tenta partir e a Velha a segura pelo braço.

VELHA – Você vai me escutar.
ANA – Eu não vou te ouvir!
  Eu vivo o que eu preciso, eu não vou me culpar por isso e vá embora.

Respiram.

VELHA – Você tem para onde ir?
ANA – Me deixe.
VELHA – Vem, você vai ficar aí?

Na rua.
No escuro.
Sozinha.
A Velha parte.

ANA – Ei, espere!

Casa da Velha

VELHA – Entre minha querida, essa casa sempre foi sua.
ANA – Eu só quero ir ao banheiro, onde é o banheiro? Eu já estou de saída.
VELHA – Calma, só estamos no começo, no início, no fim.
Segunda porta à esquerda.

Tempo de espera. Silêncio. Ana retorna.

VELHA – Sente aqui em frente ao espelho...
ANA – Você tem cigarro aí?
VELHA – Eu não fumo mais.
ANA – (Procura na bolsa) Droga, acabou o meu.
VELHA – Já fui fumante compulsiva.
ANA – Por isso a cara enrugada.
VELHA – Você vai continuar fumando desse jeito?
ANA – Eu não fumo muito.

Ana senta-se e percebe a sua imagem e a imagem da Velha refletida no espelho.

ANA – Só de vez em quando. Ai!!! (Ela senta em cima de um alfinete) O que é isso?! Um alfinete... O que você faz com alfinete?!

VELHA – Te faz lembrar de alguma coisa?
ANA – Acho que sim, não sei, não lembro.
VELHA – Não lembra?
ANA – Ah, sei lá.

Silêncio.

ANA – A senhora é casada?
VELHA – Não, não sou casada.
ANA – Por quê? Não deu certo?
VELHA – Não.
ANA – Por quê ? Vocês brigaram?
VELHA – Brigamos, mas não foi o motivo. (Lapso da Velha) Foi no dia que. Foi no dia que. Naquela hora... Como foi?
ANA – Desculp...
VELHA – ..um branco.. espera!
ANA – Desculpe eu te cortar mas eu preciso ir comprar cigarro, depois você me conta...
VELHA – Não! (Pensativa) Como foi?

Silêncio.
A Velha acaricia os cabelos da Moça.

VELHA – Pena que eu não tenho muito para te oferecer. Quer chocolate?

A velha busca uma caixa de chocolates e oferece para Ana. Ana come.

ana – São deliciosos!

Ela come vários.

velha – Quer mais?

Ana diz um não forçado com a cabeça. A Menina aparece.

menina – Eu quero!
velha – Você quer mais, meu amor?

A Velha sorri e dá um chocolate para a Menina.
A Menina dá um beijo na velha e sai correndo.

ana – Obrigada. Eu tô indo então, tá? Eu tenho que ir.
velha – Me deixe pentear seus cabelos embolados, em quanto você se desespera com o tempo, eu te penteio.

Ana vai até porta a qual já está aberta.
Ela volta e beija os lábios da Velha.

Parque

Sol, luz, luz.

ANA – Ontem eu tive um sonho.
IAN – Com quem?
ANA – Não lembro.
IAN – Como assim não lembra?
ANA – Eu não lembro quem estava no sonho, mas o sonho era real.
IAN – Não estou entendendo.
ANA – O que aconteceu era real.
Ele era real.
IAN – Ele quem?! O que você sonhou?
ANA – Eu não lembro.
IAN – (Provocativo) Como foi ter sexo com um estranho?
ANA – (Explosiva) Sabe o que, Ian?! Eu acho que foi com você que eu sonhei! Foi com você que eu transei sem eu querer. Quer saber a verdade? Foi horrível! Esse homem me estuprou! É isso que você faz o tempo todo comigo, você me invade, me perturba, você me violenta!
IAN – Você não sabe o que você está dizendo, você sofre de excesso de você.

Ian sobe na sua bicicleta.

IAN – Até nos seus sonhos você se vê como vítima.

Ian começa a andar na sua bicicleta.

ANA – Você sempre quer deixar a história a seu favor.

Ian anda na sua bicicleta.

ANA – Ian, pare! Eu estou falando com você!

Ele não para, ela corre atrás da bicicleta.

ANA – Você não me dá nenhum prazer.

Ian para. Tensão.

IAN – Repita o que você disse.
ANA – Você pensa apenas em você, me invadindo e tirando de mim todo o prazer que eu não tenho! Você sabe disso e não se comove nem um pouco. Sabe o que é pior ? Que eu ainda te espero. Eu te espero porque ainda eu dependo disso, mesmo sendo de uma merda de amor!
IAN – Para mim não é uma merda de amor.

Tensão, silêncio.
Ele parte em sua bicicleta.

ANA – Espere! Me fale de você!
Eu não sei quem é você, Ian!

O que você quer de mim?!

Ele para. Ele desce da bicicleta.

IAN – Ouça, Ana:
Eu estou aqui para te dar sonhos. Só isso, entenda.
Aceite o mistério.
Você acha que não merece belos sonhos?

Um silêncio hipnótico.

IAN – Não merece? Me responda.

Um silêncio hipnótico.

IAN – Então aceite o que eu te ofereço.
Se você aceitar, eu te dou.

Um silêncio hipnótico.

ANA – Eu quero um véu branco para saber como é estar na eternidade, por um instante. Pelo menos em um instante.
IAN – Você, se encontrar em mim.
Eu, continuar a existir em você.
Que o amor não nos separe.
Eternamente em você.
VOCÊEEU.
ANA – Mas eu estou grávida.

Casa da Velha

Mãos enrugadas sobre o rato do computador. Um minuto de distração, um minuto de frustração. Ela não é como a mulher que passa à sua frente vestida de aliança. Fim dos cinquenta. O que eu poderia ter sido? Personalidade tem opção? E se eu tivesse ouvido, falado, feito?
E SE EU NÃO FOSSE EU.
Que besteira, cabeça vazia oficina do diabo. Uma pausa para o café. (Fim de tortura) Ana Maria, eu preciso falar com você. O Walter do Recursos Humanos. Ele, o Walter, lhe anuncia hoje, o fim dela! Fim de vinte cinco anos de casamento com o trabalho. Aposentada... Aposentada. Aposentada! Casa. Corpo deitado, luz apagada, volume baixo da televisão e uma reza para agradecer o que ela tinha, não o que ela era. Que ela tinha que dormir. Seis horas da manhã, despertador manda ela para o trabalho, mas o trabalho não existe e o sono também não existe. Preguiça sem sentir, já era hábito. No rosto desbotado um momento feminino, pelos olhos no espelho, bem próximo. Bem longe. Um espelho no olhar, sem quebra de vaidade. Sem quebra de mulher velha. Sina de estar possuída pelo corpo de nuances, de rosto assimétrico, resto de beleza.
Bem dentro dela, assim, consciência de alma, conquistada pela vida que virou sobra: Sobra de corpo, so-

bra de pele, sobra de amor. A velha estava lá, em frente ao espelho, cabelo velho. Ar de bruxa. A natureza é traiçoeira, fim de serventia.
Espelho eu te quebro!
(Surto)
Sentimento de efêmero.
Efêmero.
Agora sim, a alma estava quase completa.
Beleza de alma.

Xícara de café de todos os dias.
A velha penteia-se, maquia-se, sorri.
Ian aparece.

Cenas de um casamento

VELHA – Eu, dou a ti meu marido, o meu juramento de te ser fiel na alegria e na tristeza, na saúde e na doença, amando-te e respeitando-te, todos os dias de minha vida.
IAN – Eu, dou a ti minha mulher, o meu juramento de te ser fiel na alegria e na tristeza, na saúde e na doença, amando-te e respeitando-te, todos os dias de minha vida.
VELHA – Deus,
IAN – Deus,

A menina vestida de noiva corre e atravessa o palco.

VELHA – Confirme essa renovação de compromisso
IAN – de compromisso
VELHA – que manifesto perante a igreja.
IAN – A igreja.
VELHA – E derrame sobre nós as suas bênçãos... Espere!!! O que você está fazendo?! Não faça isso! Não faça!

Penhasco

Ana segura um feto à beira do penhasco.

VELHA – Você não vai fazer isso!
ANA – Vou! O meu corpo, meu útero é meu!
VELHA – Rejeite um filho e seu corpo rejeita seu útero.
ANA – Essa ânsia, o meu vômito é a minha repulsa por esse feto em mim!
VELHA – Ele vai secar, o seu útero vai secar.
ANA – Não fale isso, velha!
VELHA – Pra você, ele não vai mais ser útil.
ANA – Pare, vá embora daqui!
VELHA – Espere, meu amor, espere nascer e o amor vai vir.
ANA – Eu não consigo esperar.
VELHA – Dê ele para mim!
ANA – Não posso.
   Ele não respira mais.
   Acabou o meu, o seu, o tempo dele.
   A culpa vai ser minha, não é?
   Fique com esse lamento que eu não tenho!

E ela joga o feto lá de cima do penhasco...

VELHA – Dê ele para mim!!!!

Ana corre...

Estrada

Ana corre pela estrada.
Ian aparece de bicicleta.

IAN – Ana! Espere! Aonde você vai?!!

Ian vai atrás dela de bicicleta, ela continua a correr. Ele se aproxima, sai da bicicleta, ela continua a correr, ele a alcança.

ANA – Não me encoste!
IAN – Ana vem, vem comigo, saia do sol, eu vou te levar para casa.
ANA – Eu não vou para lugar algum com você!
Com você para lugar algum!
IAN – Ana, me ouça... Ouça o que eu tenho para te dar!
ANA – Você não vai me dar nada, Ian.
De você eu ganhei a insegurança.
De você eu ganhei a esterilidade.
IAN –

A Velha aparece em cena.
Black-out. Lapso da velha.

VELHA – Não pode ter sido desse jeito, eu lembro que.

Ele não foi...
Eu disse é isso que eu quero.
Eu não precisava mais.
Dele.
É, ele foi.
Foi assim:

Estrada

A luz se acende.
Ana corre pela estrada.
Ian aparece de bicicleta.

IAN – Ana! Espere! Pra onde você vai?!!

Ian vai atrás dela de bicicleta, ela continua a correr. Ele se aproxima, sai da bicicleta, ela continua a correr, ele a alcança.

ANA – Não me encoste!
IAN – Ana vem, vem comigo, saia do sol, eu vou te levar para casa.
ANA – Eu não vou para lugar algum com você!
Com você para lugar algum!
IAN – Ana, me ouça... Ouça o que eu tenho para te dar!
ANA – Você não vai me dar nada, Ian.
De você eu ganhei a insegurança.
De você eu ganhei a esterilidade.
IAN – É isso que você quer?

Ana não responde.

IAN – É isso que você quer, Ana?

ANA – É isso que eu quero.
Eu não preciso de você.

Ian parte em sua bicicleta.
Ana percebe que está sendo assistida pela velha.

ANA – (Escrava do que não existe mais)
O meu corpo é real?
Responda velha, o meu corpo é real?
De mim você não tem mais nada!
Me liberte, então.

Penumbra.
Então, docemente a Velha tira um alfinete do bolso, ela tira o alfinete do bolso e leva e fura e perfura o pescoço de Ana...

VELHA – Não tem mais volta.
O que te resta é seu silêncio.

Ana agoniza, grita e desmaia à beira da estrada . Sumiço da Velha, sangue na roupa:
Abriu os olhos.
Olhou para o céu.
Sorriu.
Nunca mais ela voltou.

A Morte da Velha

Pensamentos sussurrados.

A mulher que provou do tempo.

Um sentido para vida?
Existir.
Sem precisar.

Sem esperar.

Pra que sentido?

Nessa cidade sem céu, caminhe no silêncio.

Silêncio.

Duas pessoas sobem no palco e retiram o corpo da Velha. A velha não existe mais, a sua memória também não, mas os lugares continuam lá.

Estrada

Apaga, acende.

Parque

Apaga, acende.

Casa da Velha

Apaga, acende.

Bar

Apaga, acende.

Estrada

Apaga, acende.

Penhasco

Apaga, acende.

Rua

Apaga, acende.

Parque

Apaga, acende.

Casa da Velha

Apaga, acende.

Penhasco

Apaga, acende.

Casa da velha

Apaga, acende.

Estrada

Apaga. Gargalhada da menina.